부의 퀀텀점프

THE QUANTUM JUMP

부의
퀀텀점프

살아있는 한
멈추지 말고 도전하라

김형준 지음

M mindset

2019년, 인생 최저 수입인 70만 원을 받을 때부터

월 1억을 달성한 2022년, 그리고 지금까지

3년 동안 단 하루도 빠지지 않고,

아침에 일어나 거울을 보며 스스로 이렇게 얘기했다.

"나는 살아있음에 이미 성공했다.

나는 억세게 운이 좋은 사람이다.

나는 아버지 김기복, 어머니 이병희의 자랑스러운 아들이자,

김소연의 든든한 남편이다.

나는 꿈을 향해 매 순간 몰입하는 삶을 살겠다.

나는 무한한 긍정과 뜨거운 열정의 에너지를 나누며,

선한 영향력을 전달하겠다.

나는 반드시 성공한다.

나는 올해 12월까지 월 3억을 버는 것으로

성공을 증명하겠다.

나는 내가 생각하고, 기록하고, 말하고,

행동한 대로 전부 이뤄왔고, 앞으로도 달성할 것이다.

나는 반드시 성공한다.

내가 김형준이다."

나는 이 반복적인 확언을 통해

현재의 내가 됐다고 1,000% 확신한다.

하루의 시작과 끝을 나만의 긍정 확언으로 명령하고, 주입함으로써,

24시간 내내 목표에만 몰입하도록 환경을 만들었으니까.

인생은 본인이 쓰는 언어로 한계 지어진다.

언어는 생각을 대변하니까.

그러니 생각을 바꿔야 한다.

생각을 목표에 집중할 수 있게끔 환경을 조성한다면,

해내지 못할 것이 없다.

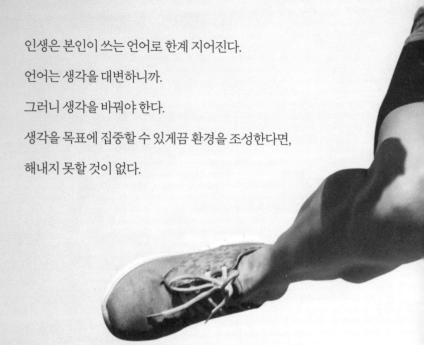

단언컨대 당신의 인생은 이 책을 읽기 전과 후로 나뉠 것이다.

지금보다 훨씬 더 나은 삶을 살아갈 당신을,

단 한순간 퀀텀점프해서

압도적인 인생을 꾸려나갈 당신을 미리 축하한다.

당신은 새로운 시도를 반복하셨나요?

계속 입술만 깨물며 새로 고침을 반복했다. 9,998, 9,999 그리고 1만. 그토록 기다리던 숫자를 보는 순간 나는 "됐다!"라고 환호성을 질렀다. 유튜브를 시작한 지 정확히 99일 23시간 57분이 지나는 시점이었다. 그런데 그것은 시작에 불과했다. 1만 명을 달성하고, 불과 5개월 만에 구독자가 8만 명이 된 것이다. 그 순간 나는 '격세지감'이라는 말을 실감했다. 지난 4년 동안 온 열정을 쏟았음에도 구독자 수가 겨우 1만 명에 불과했는데, 기획을 재정비하여 새로운 채널을 만든 것만으로도 꿈만 그리던 실버 버튼을 손에 쥐게 됐으니 말이다.

40대에 접어든 지금, 내 인생을 돌이켜보면 참 치열했다 싶다. 어린 시절 무의식 속에 자리 잡은 금전적인 결핍은, 20대의 나를 영업의 세계에 발을 들여놓게 함으로써 한계를 체험하게 했고, 30대에는 믿었던 사람들에게 배신당하며 받은 상처가 깊어, 복수심으로 앞만 보고 달리기만 했다. 그렇다고 나쁜 것만은 아니었다. 나를 멈출 수 없게 한 상황들이 지금의 나를 만들어주었으니까.

고백하자면, 주변에서 성공한 사람을 찾기 쉽지 않을 만큼 내가 활동하는 분야에서 버텨내기란 쉽지 않았다. 하지만 나의 몇몇 태도로 인해 15년 동안 자리를 지켜낼 수 있었다고 자부한다. 우선 나는 돈보다 자존심이 중요하지 않았다. 그래서 누구를 만나든 90도로 숙여 인사할 수 있었다. 또 포기하고 싶은 순간마다 고생하는 어머니에게 1억의 용돈을 드리겠다는 목표를 되뇌며, 나를 일으켜 세웠다. 스스로 마인드셋을 한 것이다. 무엇보다 나는 타인에게 관심을 두지 않았는데, 이것이 가장 큰 도움이 됐다고 믿는다. 설명을 곁들이자면, 나는 나에게 직접적인 영향을 끼치는 일이 아니라면, 시간과 감정을 소비하지 않았다. 그로 인해 아니 땐 굴뚝에 연기를 피우게도 하는 온갖 소문이 무성한 곳에서도 여기저기 휘둘리지 않을 수 있었다. 물론 나도 사람인지라, 미운 사람도 있었다. 그런 사람들을 매일 마주쳐야 하는 현실은 고역이었다. 특히 상사와 후배 사이, 쉽게 표현해 샌드위치처럼 끼어 그들 싸움에서 피해를 입기도 했다. 지금에 와서 돌이켜봐도 태어나서 누군가를 그토록 미워하고, 증오한 적이 있나 싶을 만큼 화가 치밀어오르는 상황이다. 그러나 나는 그 또한 내가 만든 결과라 생각했기에 그 누구의 탓으로도 돌리지 않았다.

반면 지금은 보고 싶지 않은 사람을 보지 않아도 되고, 제3자의 눈치를 볼 필요도 없으며, 내가 하고 싶은 것에만 온전히 집중하는 일상을 보내고 있으니, "행복하다."는 말이 절로 나온다. 앞서 언급한 경험들로 인해 지금 이 순간이 더욱 감사한 것일지도 모른다. 게다가 그 어떤 문제도 큰일이 아닐 것이라는 확신도 갖게 됐다. 좋든 나쁘든 직접 겪은 모든 사건은 사라지지 않고, 나의 고유한 자산으로 누적되는 데다가, 15년간 매일 기록한 다이어리와 일기가 그것을 증명해주고 있으니 말이다. 그래서인지 나는 최근 "결국엔 이렇게 되려고 그때 그랬구나."라고 자주 중얼거린다. 성공자들이 미소 지으며, 과거를 회상할 때 한다는 그 말을.

그렇다면 무엇이 나를 현재의 만족스러운 삶으로 이끌어주었을까? 그것은 바로 SNS다. 나는 불과 3년 전만 해도 조직 실패로 월 소득이 70만 원에 지나지 않았다. 당연히 생활고에 시달려야 했고, 자존감도 바닥을 쳤다. 그때 휴대폰 하나로 재기를 꿈꾸며, 일기를 쓰면서 마음을 다지곤 했던 차 안에서 나 자신과 약속하고, 1일 1 영상을 1년 동안 올렸다. 하루를 정리하면서 자필로 일기를 썼던 것처럼 유튜브에 온라인 일기를 남긴 것이다. 가끔 당시의 영상 속 내 모습을 보면 안쓰럽기도 하지만, 그때 뿌린 씨앗으로 성공이라는 꽃을 피우는 기적을 만들어냈으니, 대견하고 고마운 마음이 더 크다. 그렇게 나는 불안감으로 하루를 버티기도 힘든 가운데서도, 꾸준히 올린 영상으로 자존감을 회복했고, 새롭게 시작한 사업은 3년 만에 안정적으로 자리를 잡았다. 더불어 나의 진정성 있는 노력을 알아본 귀인과의 만남이 끊이지 않고 이어졌다.

귀인과의 인연에 대해 부연설명을 더 하자면, 나는 주변 사람에게 항상 좋은 사람을 소개해달라고 부탁했다. 대부분 도움을 요청하지 않으면, 상대방이 원하는 것을 알지 못하니, 먼저 손 내미는 경우는 드물다는 것을 알고 있기에 한 행동이었다. 그리고 이 작은 실천은 나에게 놀라운 결과를 안겨주었다. 윤

용환 PD를 만나게 해주었고, 그와의 협업을 통해 곧 구독자 수 10만 명을 앞둔 유튜브 채널을 탄생시켰으니까.

그러고 보면 나는 성공의 요소 중 하나인 반복하는 것을 참 잘하는 듯하다. 한번 시작하면 10년은 기본이다. 내가 원하는 바를 얻을 때까지 여러 사람에게 알리는 것도 포함이다. 단, 새로운 것을 얻으려면, 과거엔 하지 않았던 시도를 해야만 한다. 그 비밀을 깨달은 나는 현 시대의 최고 안전 자산인 '사람'을 남기고 있다. 이로써 나는 인간으로서 다시는 겪고 싶지 않은 불안을 더는 느끼지 않아도 되어 너무 기쁘다.

나는 누가 뭐라고 해도 오늘이 가장 근사한 날이다. 아마 내일이 되면 내일이 그러한 날일 것이다. 그도 그럴 것이 40년 인생 가운데 가장 높은 소득을 매달 갱신하고 있고, 최고의 체력, 정신력, 외모, 마인드, 루틴, 소득, 자산, 화목한 가정을 꾸리고 있으므로. 이 모두 한 계단, 한 계단 성장해오다가, 기막힌 타이밍과 운 그리고 사람을 통해 퀀텀점프한 결실이다.

사람의 에너지는 빠르게 전염된다고 한다. 그러한 점에서 『부의 퀀텀점프』를 선택한 당신도 나의 긍정 에너지를 전부 흡수하면 좋겠다. 그리고 내가 겪은 시행착오를 참고해 부디 빠르게 성장하길 바란다. 나도 지금까지의 경험 자산을 바탕으로 인생 3막의 시작을 선언한다. 단언컨대 내 인생의 전성기는 지금부터일 것이다. 언제나 그랬듯 살아있는 한 멈추지 않고, 계속 도전할 테니까. 당신의 성공을 위한 완주에 이 책이 페이스메이커가 된다면 더할 나위 없이 가슴 벅차겠다.

PART 3 　**성공한 사람 대부분이**
　　　　　실천하는 방법

PART 4 　**퀀텀점프하고 싶은 당신이**
　　　　　기억해야 할 사실

PART

1

**가난을
벗어나기 위한
몸부림**

내가 돈을 좇아야만 했던 이유

내게 직장 생활이라곤 2년 4개월간의 장교 생활뿐이다. 전역 후 바로 시작한 보험 비즈니스를 15년째 해오고 있으니 말이다. 짧지도, 길지도 않은 그 시간 동안 대체 무슨 일이 있었기에 나는 가족, 친척, 지인 중에 단 한 명도 찾아볼 수 없는 영업직을 선택한 것일까. 더군다나 극심한 내향인인 내가.

우선 첫 휴가를 나왔을 때였다. 내 고향 원주 인근의 횡성은 잘 알다시피 한우로 유명한 지역이다. 당시 9급 공무원 정도의 월급을 받은 나는 가족에게 기쁜 마음으로 한턱 내기로 하고, 아버지, 어머니, 누나 둘, 매형 둘, 조카 둘과 함께 횡성으로 향했다. 그런데 식사를 시작한 지 얼마나 지났을까. 내게 익숙한 기류가 감지됐다. 다름 아니라 고기를 더 먹고 싶어 하는 가족들의 눈치였다. 매번 친구들과의 회식 자리에서도 계산 담당을 맡았던지라 낌새를 바로 알아챘지만, 이미 예산을 훨씬 넘어선 것을 알았던 나는 초조함과 불안함으로 초라해지기 시작했다. 결국 나는 된장찌개와 냉면을 주문하며, 식사로 유도했다. 찝찝하고, 민망하게 치른 사회인으로서 첫 식사 대접이었다. 그야말로 내 인생의 몇 안 되는 굴욕적인 순간이다. 그날 나는 결심했다. 사랑하는 사람을 위해 돈 앞에서 계산하지 않는 인생을 살겠노라고. 그러려면 돈을 많이 벌 수 있는 일을 해야 했다.

개인적으로 나는 똑똑한 편은 아니었지만, 어머니의 완벽성과 책임감을 보고 자라서인지, 소대장으로 군 복무에 임하면서 항상 최선을 다했다. 그런 와중에 직업군인으로서의 비전과 목표는 없었지만, 임관하던 시절 새긴 다짐이 하나 있었다. 같이 복무한 이들이 제발 전역하지 말라고 붙잡을 만큼 인정받고 떠나자는 것.

이러한 나를 가장 괴롭게 한 것은 매사에 대충하면서 놀 궁리만 하는 동기들과 같은 월급을 받아야 한다는 점이었다. 특히 1년에 한 번 있는 연말 성과금은 소속 부대 전체 평가로 책정되는데, 내 잘못이 아닌 다른 사람의 실수로 우리 부대가 최하점을 기록한 해가 있었다. 그 사실도 받아들이기 힘든데, 근무 태도가 좋지 않은 동기 부대가 1등을 차지하게 되면서, 동기가 나보다 2배 넘는 상여금을 받는 모습을 지켜만 봐야 하니, 치밀어 오르는 화가 쉽게 가라앉지 않았다. 이에 여전히 부모님에게 드릴 용돈도 10만 원을 드릴지, 20만 원을 드릴지 계산해야만 했고, 그런 현실이 지겹도록 싫었다.

게다가 나는 윗사람에게 아양을 떠는 성격도 못돼, 소위 말하는 라인 잡기, 사내 정치도 하지 못했다. 아니, 더 정확히 말하자면 하고 싶지 않았다. 오로지 실력으로만 인정받고, 성장하고 싶었다. 그렇다고 해서 후회하지는 않는다. 그 시기가 두 번째로 선택한 세일즈라는 분야에 좋은 자양분이 되어주었으므로. 진심으로 나의 성공의 7할은 군 생활에서 배웠다고 자부한다.

물론 최선을 다했기에 가능한 결과임은 분명하다. 상사, 동료, 부하와의 관계 안에서 '나'라는 사람을 증명하고, 인정받기 위해 브랜딩하며, 원하는 것을 얻기 위해 세일즈해야 함은, 사람을 상대해야 하는 곳이라면 어디에서든 꼭 필요한 공통 본질이니까. 그에 더해 이전에는 미처 알지 못했던 나의 승부욕을 깨닫게 해준 곳이기도 하다. 공부만 할 때는 드러나지 않았지만, 성과, 인정 앞에서는 너무도 지기 싫어하는 나를 발견한 것이다.

이 같은 여러 정황으로 인해 나는 보험 영업을 과감하게 선택했다. 15년 전이라 영업에 대한 대중의 인식이 좋지 않았지만, 치열한 경쟁의 세계, 실천한 만큼의 완벽한 보상, 실력만으로 인정한다는 부분이 매력적으로 다가온 덕분이다.

2

나의 희망이 된 어린 시절 결핍

어린 시절 나에게 성공의 정의는 아버지와 반대로 사는 것이었다. 이 책을 아버지가 보지 않길 바랄 만큼 죄송하지만, 어쩔수 없는 사실이다.

중학교 미술 선생님이자 화가로 활동한 아버지는 돈, 경제와 같은 이야기에는 관심이 없었다. 대신 약주를 즐겼고, 여전히 머릿속에 선명하게 남아있을 정도로 어머니와 많이 다퉜다. 설, 추석이 되면 더욱 그러했기에 명절이 다가오는 게 싫을 정도였다. 그뿐만 아니다. 술 마신 날 특유의 강하고 빠른 템포의 벨 소리가 들리면, 나는 놀라서 방으로 재빠르게 들어가 문을 잠

그곤 했다. 그러면 어김없이 부모님의 고성이 오갔다. 그럴 때마다 나는 어머니가 가엽기만 했다. 그래서일까. 나는 무의식적으로 '아버지와는 무조건 반대로 살아야지.', '따뜻하고 다정한 남자가 되어야지.', '무엇보다 돈을 많이 벌어서 가족들을 좋은 차에 태우고, 여행도 다니는 사람이 되어야지.'라는 다짐을 했던 것 같다.

정확히 언제인지는 기억나지 않지만, 어머니와 약속한 적이 있다. "엄마, 나는 절대로 술을 마시고, 실수하지 않을게. 담배도 피우지 않을게."라고. 그렇게 스스로 약속했던 굳은 다짐은 현재까지 잘 지키고 있다. 40년 평생 담배를 입에 대지도 않았을뿐더러, 술을 마시더라도 결코 취한 법이 없다.

그러나 세월 앞에 장사 없다고, 쇠약해진 아버지를 보면서 이제는 원망의 감정보다는 같은 남자로서의 동질감이 더 느껴진다. 게다가 단점으로만 가득했던 아버지 모습에서 그동안 몰랐던 장점들을 발견하게 됐다.

아버지가 근무한 학교는 사립 중학교였기에 30년 넘게 재직할 수 있었다. 그로 인해 늘 같은 시간, 같은 장소, 같은 일, 같은 사람들을 오랫동안 마주하며 반복했으니, 그 삶이 얼마나 지루하고, 무미건조했을까. 감히 100% 공감은 못 하지만, 조금은 이해가 된다. 또 그래서 술에 의지할 수밖에 없었던 게 아닐까 하는 생각도 든다. 더불어 30년 재직 생활을 당연하게 여기는 아버지로 인해, 무슨 일이든 10년 이상은 해야 한다고 자연스레 받아들이게 됐다는 것도 얼마 전에 알아차렸다. 그에 더해 아버지는 장남의 책임도 다했다. 할아버지, 할머니의 곁을 떠나, 하고 싶은 사업을 마음껏 펼친 작은아버지와는 다르게, 고향에 남아서 부모님 곁을 지킨 아들이었다. 그런데도 나는 늘 약자인 어머니 편만 들고, 아버지를 미워만 했다.

그랬던 내가 당시의 아버지 나이가 되니, 비로소 보이는 것이 하나둘 생긴다. 그리고 아이러니하지만, 지금의 나를 만든 9할은 결핍을 유발한 아버지의 영향이었다고 믿는다. 돈에 대한 관심은커녕 예술 작품 활동에만 몰입한 아버지로 인해 성공을 좇게 됐고, 면허증이 없어 운전을 안 하는 아버지를 보면서 좋은 차를 타고, 가족과 여행을 다니는 모습을 꿈꾸게 됐으며, 소통과 표현을 하지 않아 다정다감과는 거리가 먼 아버지 모습에 살가운 사람이 되려고 노력하게 됐으니까.

결론적으로 나는 아버지에게 인정받기 위해서라도 세일즈를 선택해야만 했다고 말하고 싶다. 그 출발점이 된 것은 꽤 오래 전으로 거슬러 올라가는데, 대학교 수시 입학에 떨어져 자책하면서 집으로 돌아온 날, 아버지는 괜찮다는 따뜻한 위로의 말 한마디 없이 소파에 누워만 있었다. 어렴풋하지만 죄송함보다는 아버지를 향한 불만의 감정이 더 커진 듯하다. 한편으로는 공부로 증명하지도 못하고, 부모님의 기대에 미치지 못했다는 죄책감이 생겨, 20대에 접어들면서 어떻게든 집안을 일으켜 어머니에게는 물질적인 효도를 하고, 아버지에게는 성공으로 인정받아야겠다는 강한 압박감을 안게 됐으니, 아버지가 내게 큰 효력을 발휘했음은 부정할 수 없다.

3

성공을 위해 선택한 세일즈

26살의 나에겐 간절한 꿈이 하나 있었다. 어머니에게 만 원 권으로 1억 원의 용돈을 드리면서 "이 돈 전부 어머니 거예요." 라며, 거실에 뿌리는 것이었다. 그러기 위해서는 매월 최소 1,000만 원의 수입이 필요했다. 당연히 일반 직장인으로서는 어림없는 금액이었다. 어찌 보면 내게 세일즈는 숙명이었다.

그렇게 나는 보험 영업에 뛰어들었고, 강남에 위치한 회사 근처의 반지하 월세 집을 구해, 입사 동기 6명과 합숙 생활을 시작했다. 비록 비좁고 곰팡이로 가득한 공간이었지만, 내 심장은 미친 듯이 뛰었다. 그 이유는 오늘 실천한 나의 노력으로 다음 달 월급 액수를 바꿀 수 있다는 확신 덕분이었다. 여태껏 아무리 노력해도 월 200만 원도 벌어보지 못한 평범한 강원도 시골 청년이 '새우잠을 자더라도 고래 꿈을 꾼다.'는 마음으로 최선을 다해 달리기로 다짐한 것이다.

입사 첫 달은 하루 4시간씩 자면서 전국을 돌아다녔다. 그 결과 그토록 바라던 월 1,000만 원을 달성했다. 월급 통장에 찍힌 숫자를 보면서, '0'을 몇 번이나 세어봤는지 모른다. 군대에 있을 때라면, 월급을 7개월 동안 한 푼도 쓰지 않고 모아야 겨우 모을 수 있는 돈을 단 한 달의 노력으로 보상받게 됐으니, 실감나지 않을 법도 했다. 신기하게도 그 짧은 순간에 보험쟁이라고 놀리며 지인들이 준 상처도, 운전 중에 신호에만 걸려도 잠들 정도로 찌들어 있던 피로도, 단숨에 씻겨나갔다. 말로만 듣던 '금융치료'가 이런 건가 싶었다. 그리고 나는 곧장 어머니에게 400만 원을 보내드렸다. 그래도 여전히 내 통장에는 600만 원이 남아, 돈이 주는 여유와 풍요로움의 좋은 감정을 실감했다. 동시에 나는 마음먹으면 뭐든지 해낼 수 있는 사람이라는 걸 깨닫기도 했다.

이처럼 주변으로부터 무시당했던 영업을 성과로 증명하고

나니, 자신감은 수직 상승했고, 팀장이 시키는 대로 무조건 따르게 됐다. 나의 성공을 가장 바라는 사람이 부모님 다음으로 그일 것이라고 생각해서다. 더욱이 팀장은 나보다 앞서간 사람이니, 그가 알려주는 대로만 하면, 불필요한 시간 낭비와 시행착오를 겪지 않을 것 같았다. 감사하게도 그 판단은 틀리지 않았다. 수많은 보험사와 여러 지점장, 팀장 가운데 당시의 팀장을 만난 것은 축복이라고 할 정도로 그는 훌륭한 리더였는데, 마치 축구선수 손흥민의 아버지 같았다. 한마디로 그는 말보다 행동으로 솔선수범하며, 팀원의 성공을 서포트했고, 무엇보다 영업인으로서 가져야 할 기본기와 좋은 습관을 익히게 해준 내 인생에 긍정적인 영향을 끼친 대상이었다.

예를 들자면, 당시 팀장은 7시 정시 출근과 귀점을 강조했다. 귀점이란, 일과를 마친 후 곧장 퇴근하는 게 아니라, 회사에 복귀해 하루를 정리하고, 다음 날 일정을 준비한 뒤 퇴근하는 시스템이다. 나는 그때 서울에 아는 사람이 한 명도 없어서 늘 강원도까지 가서 고객을 만났다. 그로 인해 스케줄을 마치고 돌아오면 오후 10시를 넘길 때가 많아, 바로 퇴근하고 싶은 날이 허다했다. 하지만 그때마다 사무실에서 기다리고 있을 팀장을 생각하면서 지점으로 발걸음을 옮겼다.

나는 귀점을 위한 나만의 환경 세팅도 했는데, 집 열쇠를 일부러 사무실에 두고 일정을 소화하러 나갔다. 집에 들어가려면 아무리 늦은 시간이라도 열쇠를 가지러 가야 하니, 지점으로 복귀할 수밖에 없었다. 그런데 내가 늦었다고 생각하는 시간에도 꼭 일하고 있는 선배와 동기가 있었다. 재미있는 것은 그들 모두 실적이 좋은 사람이었다. 그 모습을 지켜보며 알았다. 잘하는 사람들은 일하는 시간이 그만큼 많다는 것을. 다시 말해, 더 해야 하는 사람들이 더 하지 않고, 덜해도 되는 사람들이 더하고 있는 형국이었다. 어찌 됐든 나는 밤늦게 지점에서 만난 사람들과 자연스럽게 친해졌고, 야식을 먹으면서 그들의 노하우를 배울 수 있었다. 오전에는 다들 바쁘고, 예민하지만, 해가 지고, 밤늦게 회사에서 만나면 감성적이라, 평소에 까칠해 보였던 선배들도 편하게 본인의 이야기나 노하우를 알려주곤 했다. 나는 그렇게 잘하는 사람들의 노하우를 조금씩 내 것으로 만들어나갔다.

한편, 요즘 들어 대다수가 부자가 되고 싶다고 하면서 워라밸을 추구한다. 그러나 그런 삶은 절대 없다. 적어도 자기가 하는 일이 안정권에 접어들 때까지는. 돈은 워낙 정직해서 노력한 만큼 벌어들일 수 있다. 이러한 이유로 나는 로또는 싫어하지만, 영업은 사랑한다. 영업을 하면서도 경험했지만, 쉽게 벌면 반드시 문제가 생기고, 그것이 언제가 됐든 뱉어내게 되기 마련이다. 그래서 돈에 있어서는 빠르게보다는 올바르고, 정직하게 임해야 한다. 그러한 점에서 개인적으로 성공으로 향하는 길은 단거리 100m 싸움이 아닌, 42.195km 장거리 마라톤이라고 생각한다. 그러므로 현재의 모습으로 판단하고, 한계를 지어선 안 된다. 최소 10년은 한 분야에서 오래 잘하는 것이 진짜 성공이다. 혹시라도 훗날 내가 아들을 만나게 되면, 세일즈를 권하고 싶을 정도로 나는 내가 하는 업에 대한 확신이 있다. 성공한 운동선수가 자녀들에게 자기가 했던 업을 추천하는 것처럼. 반대로 실패한 사람들은 자식에게 그 일을 절대로 못 하게 한다. 최선을 다하지 않고, 바르게 하지 않아 실패하게 된 원인은 전부 덮고, 온갖 탓을 하면서. 분명히 일러두지만, 모든 직업에는 문제가 없다. 그 일을 올바르게 하지 않은 사람에게 문제가 있을 뿐.

나는 26살에 보험 영업을 시작해 1년 만에 연봉 1억, 2년 차에 연봉 2억, 3년 차에 연봉 3억을 달성했다. 1년에 연봉을 1억씩 높여간 셈이다. 그 비결은 첫 1년을 지옥과 같은 시간을 보낸 데 있다. 그래서 나는 신입일 때는 일부러라도 힘든 길을 선택해야 한다고 말한다. 신입이 몸과 마음이 편하다면 100% 문제가 있는 것이므로. 그와 관련해 신입 교육을 받을 때 가진 '선배와의 대화' 이후 실천한 나만의 방식을 짧게 공유해본다.

전국에서 모인 100명이 넘는 신입 사원이 함께한 자리였다. 그날 초대된 선배는 매주 3건의 신계약, 즉 3W를 200주 이상 유지하고 있는 업계 내의 유명 인사였다. 그런 그는 이제 막 영업 세계에 발을 들여놓은 열정 가득한 후배들에게 3년만 지나도 100명 중 10명도 남지 않을 거라는 무시무시한 경고를 했다. 그 말을 들은 즉시 나는 3W라는 새로운 목표를 세운 다음, 이를 잊지 않기 위해 '3W는 어머니의 목숨'이라고 다이어리의 가장 잘 보이는 곳에 적어 들고 다녔다. 그랬더니 평범하게 시작한 동기들과 나의 일상은 달라도 너무 달랐다. 지금도 가장 잘했다고 생각하는 부분은 그들이 한 주를 욕으로 시작해 욕으로 마무리하는 사이, 어떻게 해서라도 고객을 만나기 위해, 오전 10시에 무조건 사무실에서 나와, 오후 10시가 되기 전까지 5명을 만나지 않으면 절대 퇴근하지 않는다는 '10/10/5 법칙'을 만든 것이다. 그 과정에서 자정이 넘었지만, 나머지 1명을 채우기 위해 찾아간 미팅에서 기적과도 같은 계약 성사나 예상하지 못한 소개를 받는 등 긍정의 결과를 얻곤 했다. 또 포기하지 않고, 마지막 한 통의 전화, 마지막이라고 생각하고 찾아간 미팅처럼 '한번 더 클로징'이 차곡차곡 쌓이니, 어느새 목표한 지점에 다다랐다. 이것만 봐도 영업인에게 답은 지점에 있지 않음을 알 수 있다. 돈을 많이 벌기 위해서는 계약을 많이 해야 하고, 계약을 하려면 반드시 사람을 만나야 한다. 결국 미팅 횟수에 따라 성공이 좌우된다는 의미다.

이렇게 성공 비법을 알게 됐음에도, 다시 20대로 돌아가라고 하면, 돌아가고 싶지 않다. 맹세코 후회 없이 살았기에 똑같이 하라면 하고 싶지도, 아니 할 수도 없다. 그때의 상황을 비유하자면, 매주 마른 수건을 쥐어짜는 느낌이다. 마른 수건을 짜면 물이 나오지 않을 것 같지만, 놀랍게도 나온다. 그것은 바로 땀이다. 겪어보지 않은 사람은 못 믿겠지만, 실제로 실천해본 사람으로서 당당히 말할 수 있다. 그렇게 한 주, 한 주 상상할 수 없는 스트레스를 이겨내며, 1년을 보낸 나는 3W 50주의 타이틀을 얻었다. 모르는 사람들은 거창하게 말하는 나의 모습에 호들갑이라고 할 수도 있겠지만, 이를 우리나라 축구에 빗대어 설명하면, 월드컵 4강에 진출한 정도의 확률이니 자랑할 만하다고 생각한다.

3W 50주를 이루고, 얻은 것도 제법 많다. 1년 동안 꾸준히 고객을 모집함으로써 100명이 넘는 고객을 관리하게 됐고, 새로운 고객과 연결을 잘해주는 '키맨'도 5명이나 생겼다. 이는 어딜 가더라도 무너지지 않을 든든한 자산이 생긴 것과도 같다. 게다가 활동한 기간은 1년에 지나지 않았지만, '맵북(영업의 나침반)', '스케줄링(영업의 계획)', '생명수(영업의 수각)', '소개(영업의 정석)'로 구성된 나만의 세일즈 성공 시스템을 완성해 무한 반복하면서, 1년 차에는 30%였던 계약률을 2년 차에는 60%, 3년 차에는 80%로 만들면서 1년마다 연봉을 1억씩 높일 수 있었다.

이렇듯 나의 사례만 보더라도 영업은 막연하게 열심히 해서는 절대 성공할 수 없다. 효과적인 시스템을 바탕으로 지식과 기술을 쌓아나가야 한다. 눈에 보이는 상품이든, 눈에 보이지 않는 상품이든, 모든 대면 영업의 성공 본질은 똑같다. 그에 더해 어떤 일에서든 성공하려면 복리 효과를 누려야 한다. 설명을 덧붙이자면, 0명에서 100명의 고객을 모집하기는 힘들지만, 100명에서 200명은 더 빠르고, 수월하게 모이고, 200명에서 300명은 떠밀리듯 만들어진다. 그래서 뭐든지 처음 1년이 가장 중요하다. 직접 체험해보니 3W를 1년 넘게 완수하면, 평범한 사람이 5~6년 걸려서 얻을 수 있을까 말까 한 지식과 기술을 1년 만에 체득할 수 있다. 그 이후에 더 잘되는 것은 두말하면 입 아프다. 기존 고객의 소개로 계약을 그 이전보다 가볍게 이어갈 수 있어서다. 나 역시 팀장으로 전향하기 전까지 그러한 원리로 정확히 3W를 116주 동안 유지했다.

우리의 인생도 마찬가지다. 복리의 법칙을 이해한다면, 초반의 힘듦과 고통은 감내하고, 이겨내야 한다. 무슨 일이든 반복을 통해 목표를 달성하면, 빠르게 성장한다. 내가 33세에 첫 책을 내고, 39세에 두 번째 책, 40세에 세 번째 책을 출간하는 것처럼.

5년 뒤의 삶이 기대된다면,

지금 제대로 가고 있는 것이다.

5년 뒤의 삶이 기대되지 않는다면,

지금이라도 방향을 바꿔야 한다.

속도보단 방향이다.

4

부모님에게 1억을 드린 20대 청년

2012년 9월 1일. 평생 잊을 수 없는 날이다. 그토록 꿈에 그리던 1억의 용돈을 부모님에게 드렸으니 어찌 잊을까. 오로지 그날을 위해 살았다고 해도 과언이 아닐 정도로 3년 동안 주말, 휴일도 마다하고 치열하게 달린 나였다. 그래도 은행으로 향하는 내내 하늘을 나는 듯했고, 돈을 받고 나와 차 안에서 50장의 사진을 남길 만큼 기쁘고 설레었다. 수치로 따지자면, 첫 월급 1,000만 원을 받았을 때보다 100배 이상의 감동이었다. 딱 하나 아쉬움이 남는다면, 원래 계획대로 영화 속 장면처럼 전액을 만 원권 지폐로 바꿔 거실에 뿌리지 못한 사실이다. 왜냐하면 은행 직원의 탈세 또는 세무조사를 받을 수 있다는 말에 자기앞수표로 받을 수밖에 없었기 때문이다.

문제는 난생처음 만져보는 큰돈을 들고 고향 원주까지 안전하게 가는 것이었다. 영업을 하면서 운전을 많이 하다 보니, 타이어 펑크, 파편으로 인한 유리창 깨짐, 접촉 사고 등 예기치 않은 사건 사고를 많이 겪은 터라 걱정하지 않을 수 없었다. 죽을 뻔한 고비도 여러 차례 있어 운전하는 게 무서울 정도였는데, 어마어마한 현금까지 쥐고 있으니 긴장됐다. 이에 나는 가장 믿을 수 있는 후배에게 "정장 재킷 왼쪽 주머니에 현금 1억이 있으니, 혹 내게 무슨 일이 생기면 네가 대신 우리 부모님께 전달해줘."라는 부탁까지 했다. 결론적으로는 평소 1시간 20분이면 충분한 거리를 3시간 만에 도착해, 부모님 손에 직접 쥐여 드렸다. 혹시나 궁금해하는 분을 위해 지면을 빌려 잠시 그날을 회상해본다.

나의 갑작스러운 방문에 부모님은 늘 그랬듯 내가 업무상 잠시 내려온 줄 알았다. 한편, 나는 부모님의 얼굴을 보니 감정이 북받쳐 냉큼 방으로 들어갔다. 또 간절히 기다린 순간과 맞닿았음에도, 그 돈을 어떻게 드려야 할지 막막하기도 했다. 그러던 찰나에 둘째 누나가 조카와 부모님 집에 들렀다. 옳다구나 싶었던 나는 누나에게 먼저 내가 집에 온 이유를 알렸다. 나의 이야기를 들은 누나는 처음에는 놀라움을 감추지 못했지만, 이내 안정을 되찾고는 먼저 나가서 분위기를 잡아놓을 테니, 부르면 나오라고 했다. 그렇게 방에 혼자 남아 누나가 부르기만을 기다리고 있는데, 심장이 폭발해버릴 것만 같았다. 잠시 뒤 누나의 목소리가 들렸고, 나는 문을 열고 거실로 나갔다. 이미 내 두 눈에는 눈물이 그렁그렁했다. 이상하게 목이 메고, 가슴이 아팠다. 다름 아니라 매주 3건의 계약을 위해 전국 팔도를 돌며, 휴게소에서 혼자 식사하던 때가 파노라마처럼 스쳤기 때문이다. 여유 없이 살아온 나와 여행 가는 가족, 데이트 하는 커플이 흑과 백처럼 대조되면서 말이다.

솔직히 매번 상담 시간에 쫓겨 홀로 허겁지겁 끼니를 해결하는 신세였던지라, 앞서 얘기한 가족과 커플이 부럽지 않고, 서럽지 않았다면 거짓말일 것이다. 하지만 그 속상함을 모조리 견뎌내고, 내가 바라던 그림을 연출함으로써 전부 보상받는다는 생각에, 그동안 쌓인 복잡한 심경이 한꺼번에 밀려와 울먹거린 듯싶다. 그런 상기된 내 모습에 영문을 모르는 부모님은 내 눈치만 살폈다. 시간을 더 끌었다가는 두 분의 애간장만 태우는 꼴이 될 것 같아, 곧장 입을 열어 용돈 1억을 드리러 왔다고 전했다. 그러자 어머니는 너무 놀랐는지 나를 뚫어지게 쳐다보기만 했고, 아버지는 마냥 흐뭇한 미소만 지었다. 이때 둘째 누나의 "그동안 고생 많았을 텐데 형준이 한번 안아주세요."라는 센스 있는 한마디 덕분에 자칫 어색함만 가득할 뻔한 용돈 전달식을 자연스럽고, 화기애애하게 마무리할 수 있었다.

그날 밤은 잠이 쉽게 들지 않았다. 신기하기도 해서였지만, "진짜 꿈이 현실이 되네."를 되뇌느라 잘 수가 없었다. 그리고 29살 또래 중에서 1억을 부모님에게 드린 사람이 과연 몇이나 될지를 스스로에게 물어봐도, 극소수이거나 없을 것 같았다. 이런 기적을 만들어낸 주인공이 됐으니, 엄청난 자신감과 확신이 생겨, 벅차오르는 마음을 주체할 수 없었다. 무엇보다 한평생 돈 앞에서 풍요롭지 못한 인생을 살아온 어머니에게 큰돈을 만지게 해드렸다는 자부심에 내 머리를 쓰다듬느라 시간이 가는 줄도 몰랐다.

살아가면서 우리는 수많은 경험을 하게 된다. 그런데 그 과정을 기억해둘 필요가 있다. 계획한 목표를 성취한 것인지, 도전에 포기하지 않은 것인지, 젖 먹던 힘까지 쥐어짜서 쟁취한 것인지. 그리고 어떤 형태가 됐든 이것들이 계단처럼 쌓이고 쌓이면, 앞으로 벌어질 모든 일에 덤빌 수 있는 용기가 되어준다는 것도 명심했으면 한다. 다시 말해, 몸소 체득한 일은 당사자에게는 삶을 이어나가게 하는 최고의 자산이 된다. 벌써 10년이 훌쩍 지났음에도 그날의 이벤트가 내게 평생을 우려먹을 수 있는 근사한 에피소드가 된 것처럼. 그런 점에서 최고의 자산은 동산도, 부동산도 아니고 성공해낸 경험이다.

자, 다 같이 눈을 감고 상상해보자. 세상에서 가장 사랑하는 사람이 앞에 서 있다. 상대가 부모님, 아내 또는 남편, 자녀일 수도 있다. 그리고 그를 위해 하루하루 성실하게 살면서 모은 현금 1억을 준다고 해보자. 또 그 돈을 받고 행복해하는 그의 표정도 살펴봐라. 기분이 어떤가? 지금 그 감정을 잊지 말고, 눈을 뜨자. 어떠한가? 상상이었지만, 미리 경험한 생생한 느낌으로 인해 당신도 그 광경을 현실로 가져올 수 있다. 왜냐하면 또 느끼고 싶을 테니까. 여기서 꼭 기억해야 할 것은 간절히 원할수록 그 시기가 앞당겨진다는 점이다. 바라건대, 나는 당신이 그 느낌을 현실에서도 반드시 체험했으면 한다. 살아있는 한 불가능은 없으니.

5

정점에서 맛본 배신과 좌절감

세상에 영원한 건 없다. 실패에도, 성공에도 말이다. 어쩌면 이는 감사해야 하는 일일지도 모른다. 내가 이런 말을 하는 이유를 눈치가 빠른 사람이라면, 짐작했을 테다. 맞다. 누구보다 화려하게 마지막 20대를 보낸 나는 시련을 마주했다.

당시의 나는 최단기간에 조직이 성장하면서 지점장이 됐지만, 한편으로는 말 많은 그룹을 이끌어가게 됐다. 자연스레 구성원의 이탈이 시작됐고, 급기야 인원이 대거 이탈하는 상황도 마주해야 했다. 한두 명의 해촉 또는 이동의 경험은 있었지만, 그런 경우는 예상치 못했던지라 내 멘탈은 순식간에 깨졌다. 가장 힘들었던 건 5년 가까이 동고동락한 초창기 멤버들이 팀장이 되어 떠나는 사실이었다. 누구나 사연이 있다고는 하지만, 내 입장에서는 처음 겪는 배신이었다. 그로 인해 남은 사람도 동요됐다. 영업 조직에서 전부라고 할 수 있는 기세가 뿌리째 흔들리는 게 느껴졌다.

그뿐만 아니었다. 급여의 폭락은 직접적인 공포로 다가왔다. 매월 지출해야 하는 고정비는 감당할 수 없는 수준까지 치달았고, 팀 단위 이상의 조직이 한번에 합류하지 않는 한 드라마틱한 변화가 일어나는 것도 불가능했다. 결국 대출까지 받았다. 그 이전에는 실적을 내지 못해 대출을 받으며 생활하는 영업 사원들을 납득하지 못했는데, 내가 그 지경이 되고 만 것이다. 그런 상태로 8개월을 버텼다.

그리고 언제부터인가 나는 사무실이 아닌 혼자 집에서 불을 끄고 지내는 시간이 많아졌다. 함께할 사람도 없고, 열심히 해야 할 의미도 사라지니, 지점장으로서의 책임감도 내려놓았던 듯하다. 바닥 치는 자존감 탓에 사람 만나기도 싫었다. 축구선수 박지성이 한창 슬럼프를 겪을 때, 공이 자신에게 오는 것이 무서웠다고 하는 심정이 이해됐다. 부디 그 현실이 꿈이기를 바라면서 은둔자의 삶을 이어 나갔다.

그러던 어느 날, 페이스북을 통해 강사 모집 공고를 보게 됐다. 무엇에 이끌렸는지, 그나마 좋아하는 강의라도 해보자 싶어 곧장 연락했는데, 미팅까지 일사천리로 진행됐다. 그런데 이게 웬일인가. 해당 페이지 운영자는 내가 지난 5년간 매일 작성한 스케줄러와 부모님에게 1억을 드린 스토리에 감탄하면서, 그 내용을 카드 뉴스로 제작해보고 싶다고 했다. 이에 나는 딱히 피해볼 게 없다는 생각에 바로 동의했다. 반전의 시나리오가 써지는 순간이었다. 다름 아니라, 카드 뉴스가 대박을 터뜨린 것이다. 누적 조회 수 100만을 기록하면서, 10명도 채 되지 않았던 페이스북 친구가 매일 아침마다 200명씩 늘어나, 연예인이 된 줄 알았다.

이렇게 메마른 자존감에 물을 주면서, 나는 서서히 예전의 모습을 찾아갔고, 카드 뉴스 방식을 업무에 접목해 채용 정보를 노출했다. 지금이야 이런 형식이 익숙하지만, 그때만 해도 신선했던지라 사람들의 이목을 끌어, 짧은 시간에 사원을 충원해 지점을 부활시켰다. 나는 이 과정에서 확신했다. 앞으로의 비즈니스는 온라인 시장이 막대한 영향력을 끼칠 거라고. 또한 페이스북 마케팅을 통한 재기는 두 번째 실패와 맞닥뜨린 2019년에 유튜브를 시작하게 한 결정적 계기가 되어주었다.

그로부터 한참이 지나 돌이켜보니, 모든 문제는 나에게 있었음을 받아들이게 된다. 더불어 떠나는 사람들을 욕하고, 배신자라고 치부했던 어린 자신도 반성한다. 조직을 관리하는 리더인 나는 모든 실패의 책임을 내가 졌어야만 했다. 정에 집착하기보다는 각자의 역할을 잘 해낼 수 있도록 서포트만 해줬으면 됐다. 진심으로 팀원들의 성공을 기원하고, 그들이 떠나지 않도록 좋은 환경과 시스템을 갖추는 데 더 집중했어야 했다. 설령 다른 곳으로 떠나는 이가 생기더라도, 응원하는 배포가 있었더라면, 그만큼 무너지지는 않았을 것이다.

이 깨달음을 통해 얻은 교훈이 있다면, 세상 모든 관계에서는 기대하지 말고, 믿고 기다리면 된다는 점이다. 기대가 크면 반드시 실망도 큰 법이니까. 재미있게도 남을 사람은 어떻게든 곁을 지키고, 떠날 사람은 아무리 붙잡아도 뒤도 돌아보지 않고 멀어진다. 그러니 지금 내 옆에 있는 사람에게 감사하며, 더 잘해줘라. 옆에 있는 것이 당연한 게 아니므로.

영원한 실패도,

영원한 성공도 없다.

절대로 영원한 건 없다.

안주하지 말고,

계속 달려야 한다.

반복을 멈추는 순간

반드시 위기가 찾아온다.

내가 멈추지 않고 달리는 이유다.

⬡ 6 ⬡

빈털터리에게 찾아온 반전의 기회

"이 XX 새끼 이제 망하니까 별짓을 다하네."

아프리카TV 첫 방송, 채팅창에 올라온 글이다. 이 댓글을 확인한 나는 민망함에 모니터를 당장에라도 꺼버리고 싶었지만, 지켜보고 있는 시청자가 있어 도망갈 수 없었다. 이 굴욕적인 사건으로 나는 야심 차게 도전했지만, 1회 차를 마지막으로 온라인 방송을 그만둬야 했다.

내가 아프리카TV를 한 데는 이유가 있는데, 이번 장의 내용을 끝까지 읽으면 이해할 수 있을 것이다. 앞 장에서 밝혔듯 나는 페이스북을 통해 재기했지만, 2년도 채 지나지 않아 조직이 무너지는 아픔을 겪어야 했다. 처음의 실패가 관계 때문이었다면, 두 번째는 외부 환경에 의한 것이었다. 다름 아니라 시장의 변화로 보험사도 한 기업의 보험 상품만을 판매하지 않고, 제휴된 모든 회사의 상품을 판매하는 대리점이 급부상했다. 그로 인해 대리점에 우리 지점 인원을 뺏기고 말았다. 물론 나도 대리점으로 이동할 마음은 먹고 있었으나, 선뜻 용기가 나지 않아 타이밍을 놓쳤고, 이미 수습할 수 없는 상태의 상황이 벌어진 뒤였다.

피부로 체감하기에 이전보다 더 힘겨운 나날이 이어졌다. 급여는 환수 시스템이라 손에 쥘 수 있는 게 없었고, 아주 가끔 70만 원이 입금됐다. 게다가 매달 지출하는 고정비는 더 불어나, 비용을 충당하기 위해 대출을 알아봐야 했다. 그러나 버틸 수 있는 기간은 그리 길지 않았다. 길어봤자 고작 1년. 그 안에 만회하지 않으면, 말 그대로 답이 없는 지경이었다.

겨우 4명의 지점원이 남았고, 출근해서 할 일은 없었지만, 매일 출근했다. 첫 실패의 경험으로 집에만 있으면 더 힘들어진다는 걸 알았기에, 눈만 뜨면 사무실로 향했다. 그리고 출근길에 하루도 거르지 않고, 가수 이승열의 〈날아〉를 들었다. 한 구절 한 구절이 내 이야기 같았다. 지금도 떠올리기만 해도 눈물이 고일 만큼 나의 하루를 버티게 해준 희망의 노래였다. 가사 일부를 옮겨보면 다음과 같다.

모든 것이 무너져있고

발 디딜 곳 하나 보이질 않아

까맣게 드리운 공기가 널 덮어

눈을 뜰 수조차 없게 한대도

거기서 멈춰있지 마

그곳은 네 자리가 아냐

그대로 일어나 멀리 날아가기를

얼마나 오래 지날지 시간은 알 수 없지만

견딜 수 있어

날개를 펴고 날아

그렇다고 이 노래가 모든 것을 위로해주지는 못했다. 시간이 흐른 만큼 팀장의 자리로 갈 것인지, 영업을 재개할 것인지, 전혀 다른 분야에 시도할 것인지와 같은 온갖 고민이 나를 괴롭혔으니까. 그 와중에 페이스북으로 회복한 경험이 있었던 나는 유튜브에 관심이 갔다. 그런데도 매번 말로만 "해야지." 하고 차일피일 미루다가, 지푸라기라도 잡는 심정으로 결단을 내렸다. 동영상을 다루는 기술은 자신 없으니 퀄리티는 과감하게 포기하고, 매일 하루 한 개의 세일즈 노하우 콘텐츠를 업데이트하기로 했다. 나의 최대 강점인 꾸준함으로 승부하기로 한 것이다. 그 노력이 빛을 발해 반드시 좋은 날이 오리라 믿고.

당시의 영상을 본 사람들이 묻는다. 왜 차 안에서 촬영했느냐고. 솔직히 고백하자면, 당시에는 자존감도 바닥인 데다가 술에 의지하다 보니, 홍조로 얼굴은 빨갛고, 살도 쪄 외모에 자신이 없었다. 나는 그런 모습을 최대한 드러내지 않기 위해 장소는 차 내부로, 조명은 어둡게, 카메라 각도는 얼굴이 갸름하게 보이도록 맞춘 것이었다. 나름 나를 지키기 위한 장치였다고 볼 수 있다.

그렇게 1일 1 영상을 하루도 거르지 않고, 아무도 없는 곳에서 혼자만의 약속을 지켜나갔다. 구독자가 0명에서 1명씩 늘어나고, 어떤 날은 빠지기도 했지만, 숫자에 개의치 않고 계속 올렸더니, 6개월에 들어서면서부터는 〈영업의 모든 것〉 채널의 타깃인 영업인 구독자가 점차 늘어났다. 그러던 어느 날, 아프리카TV 관계자로부터 자기 계발 BJ 활동 제안을 받았다. 유튜브와는 달리 아프리카TV는 실시간으로 소통해야 하는 방식이라 덜컥 겁이 났다. 그럼에도 불구하고 뭐라도 해야겠다 싶어, 돼지띠 해에 바라는 것을 이루도록 돕는 남자 컨셉으로 〈돼바라진 남자〉 채널을 오픈했다. 그날이 처음이자 마지막 방송이 될 줄은 꿈에도 예상 못 했지만.

채팅창에 올라오는 글을 보면서 1시간 동안 바로바로 답해주는 라이브 방송은 상상 이상으로 어려웠다. 그런 경황없는 가운데 서두에 언급한 비난 글이 올라왔다. 창피하고, 민망했지만, 생방송이라 티를 낼 수 없었다. 그 뒤로 어떻게 진행했는지 모를 정도로 남은 시간을 겨우 채우고, 부리나케 종료키를 눌렀다. 그런 수치스러움을 두 번 다시 느끼고 싶지 않았던 나는 더는 방송을 이어가지 않았다. 유튜브로 미세하게 올려둔 자존감에 금이 가는 소리가 들리는 듯했다. 하지만 그도 잠시, 호흡이 안정된 나는 '내가 너에게 복수하기 위해서라도 보란 듯이 성공한다.'라는 다짐을 했다.

더욱이 그때는 대출로 버틸 수 있는 한계가 3개월밖에 남지 않은 시점이라, 인생의 승부수를 걸어야 했다. 그리하여 나는 마지막이라 생각하고, 여태껏 하지 않은 근력 운동을 시작했다. 그 과정에서 체력이 뒷받침되면, 마음의 근력도 따라옴을 깨달았다. 무거운 바벨을 들며 땀을 흘리다 보니, 에너지도 생기고, 부정적 감정이 긍정적으로 빠르게 변하는 걸 체험한 덕분이다. 여전히 소득은 월 70만 원도 되지 않았지만, 눈빛은 전과 다르게 생기가 돌았다.

그런 내게 기막힌 기회가 찾아왔다. 대기업 현대홈쇼핑에서 보험 대리점을 만든다는 소식을 듣고, 15년 지기 친구와 함께 제일 먼저 조직을 세팅한 것이다. 인생은 타이밍이라는 말을 실감한 순간이었다. 또 운동을 하면서 장착한 자신감 넘치는 눈빛으로 상대방의 마음을 사로잡는 데 집중했다. 그에 더해 지난 몇십 년 동안 쌓은 작은 성공과 큰 실패가 내게 큰 자산으로 남아, 새로운 환경에서 이상적인 조직 문화를 만들 수 있게 해주었다. 결론적으로 새로운 회사, 환경, 사람, 시스템, 무기를 바탕으로, 독기 품고 달린 끝에, 서울에서 2명으로 시작한 GA 사업은 3개월 만에 100명을 돌파했고, 이 글을 적고 있는 현재까지 전국 800명이라는 대규모 조직을 만들어냈다.

한번도 가보지 않은 길을 가려면 전과는 다르게 생각하고, 하지 않았던 행동을 해야 한다. 이는 명백한 진리이기에 여러 번 강조해도 지나치지 않다. 내가 영업 관리자로서 그동안 만들지 못했던 100명을 뛰어넘어, 1,000명을 향해 달려가고 있는 것처럼 인생을 바꾸려면, 환경을 바꾸고, 함께 일하는 사람을 바꾸고, 마음의 근력을 키워야 한다. 단, 마음 근력은 운동으로 키울 것을 권한다. 단언컨대 현재 연봉의 20%는 지난날 운동한 시간이 만들어준 것이다. 운동은 시간이 남을 때 하는 것이 아니라, 시간을 만들어내서라도 해야 한다. 체력은 무슨 일이든 해낼 수 있는 원동력이 되어주니까.

끝으로 그날 채팅창에 거침없이 욕을 써준 그에게 전하고 싶다.

"너무 감사합니다. 당신의 악플이 오늘의 김형준을 만들었습니다. 제 안의 진짜 독기를 꺼내줘서 고맙습니다. 이 세 번째 책이 그날에 대한 선물입니다."

판타지 같은 스토리가 주는 영향력

2023년, 내 나이 40이 됐다. 그리고 매달 인생 소득 기네스를 달성 중이다. 본업인 현대홈쇼핑 GA 사업단장 월급을 비롯해 3개의 온라인 강의, 외부특강, 정규강의, 책 인세, 광고 수입만 해도 월 1억이 넘으며, 준비 중인 프랜차이즈 사업은 지금까지 경험해보지 못한 금액을 손에 쥐여줄 것이라 확신한다.

많은 사람이 내가 이렇게 될 수 있었던 비결을 궁금해하는데, 한마디로 정리하자면, 빠르게 변화하는 환경에 적응하고자 노력한 덕분이다. 설명을 덧붙이자면, 모두가 2023년에 살고 있다고 해서 같은 현대인이라고 착각해서는 안 된다. 그 자격은

이 시대의 무기를 제대로 활용하는 자에게만 주어진다. 가령, 직접 일하지 않아도 돈을 벌어다 주는 온라인상의 키맨을 만들어야 한다. 그러지 않으면 당신은 평생 노동을 해야만 하고, 이는 현대인의 모습과는 괴리가 있다. 물론 그 가운데 자신의 몸값을 높여, 그 누구와도 대체할 수 없는 대상임을 증명해야 한다.

여기서 잠시 나의 올해 꿈을 공개한다면, 지난해에 실현하지 못한 월 3억을 달성하는 것이다. 만일 이뤄내지 못하면, 내년 목표도 동일할 테다. 이처럼 중간에 멈추지만 않는다면, 실패란 있을 수 없다. 대부분의 성공자는 이와 같은 방식으로 성장해나간다. 나의 경우만 보더라도, 현재 내가 벌어들이는 수익은 과거의 나에게는 말도 안 되는 수치였다. 그런데도 매일 계획하고, 바라고, 말했기에 현실화할 수 있었다. 다시 말해, 불가능한 영역을 바라봐야 비정상적인 아이디어가 나오고, 과거에 하지 않은 행동을 하게 된다. 경험상 내가 정한 목표는 뚫을 수 없는 벽이 아니라, 아직 열리지 않은 문일 뿐이다. 포기하지 않고, 계속 문고리를 잡고 돌리기를 무한 반복한다면, 언제가 됐든 굳게 닫힌 문이 열린다. 그러니 황당한 꿈을 꾸고, 판타지 같은 스토리를 그려라. 조금 더 쉬운 설명을 위해 예시를 하나 들어본다.

에베레스트 정상에 오르려는 사람과 동네 산을 등산하려는 사람이 있다. 이 둘의 가장 큰 차이점은 무엇일까. 대다수가 산의 높이라고 생각하겠지만, 내가 원하는 답은 아니다. 바로 한 명은 목숨을 걸고 도전하고, 한 명은 그렇지 않다는 점이다. 자, 생각해보자. 에베레스트 등정을 앞둔 사람은 어떨까? 출발하기 며칠 전부터 준비물을 챙기는 것은 기본이고, 시간 계획, 돌발 상황 시 대처법과 같은 숙지해야 할 내용을 여러 번 점검하는 등 마음가짐이 남다를 수밖에 없다. 더불어 반드시 정복하겠다는 의지로 어떤 위험도 감당하려 한다. 반면, 동네 산으로 향하는 사람은 발걸음부터 가볍다. 가방에는 김밥, 생수, 초콜릿 등 간단한 먹을거리가 들어있고, 사정에 따라 힘들면 도중에 내려올 뜻도 있다. 인생도 이처럼 최선을 다했는가, 그렇지 않았는가에 따라 얻을 수 있는 결과물이 달라진다. 물론 한 평생 에베레스트를 오르는 사람처럼 매일 목숨을 걸며 살라는 말은 아니다. 단, 당신 인생에서 중요하다고 여기는 시기의 1년 만이라도 자신과 가족을 위해 목숨을 걸고 도전해봐야 한다. 그런 의미로 지금 당신은 하고 있는 일에 목숨을 걸고 임하고 있는지 묻고 싶다.

이쯤에서 중요한 사실 하나를 알려주려 한다. 인간이 할 수 있는 선택은 두 가지뿐이다. 하고 싶은데 할 수 없는 것과 할 수 있는데 하지 않는 것. 그리고 철저하게 못한 것과 안 한 것을 구분해야 한다. 그러나 대부분 안 한 것도 못했다고 말한다. 못했다는 말을 너무 쉽게 하는데, 그러다 보면 자신은 못해도 되는 사람, 뭐든지 도전하면 못하는 사람으로 정의되어버린다. 말이 씨가 되는 법이니까. 그러니 못한 게 아니라 안 한 거라고 정확하게 말해야 한다. 할 수 있었는데 이번에 안 한 거라고. 대신 안 했으니 다음엔 하면 된다.

시간이 흘러 이 책을 읽으면서 흐뭇하게 웃고 있을 미래의 모습을 상상해본다. 월 3억을 충분히 초과 달성해 있는 나로서 말이다. 당신도 꼭 나처럼 원하는 바를 이루길 바라는 마음으로 해주고 싶은 말이 있다. 자본주의 시대에 철저하게 돈을 좇아라. 돈만큼 정직하고, 돈만큼 솔직하고, 공평한 것도 없다. 말은 포장이요, 돈이 진심이다. 말만 하면 잔소리고, 먹이면서 하는 말은 조언이다. 축하와 격려뿐인 메시지는 돈이 들어간 선물과 음식을 이길 수 없다. 그러기 위해선 돈을 벌어야 한다. 현재 자신의 소득으로 인생을 한정 짓지 말고, 자신의 몸값도 타협하지 마라. 직장을 다닌다면, 출근 전과 퇴근 이후의 시간을 부수적인 소득 창출과 몸값을 높이기 위해 노력해라. 인생은 자

신이, 아는 만큼 보이고, 경험한 만큼 느끼기 마련이니까. 그 첫
단계가 월 1,000만 원이라는 소득을 달성하는 것이다. 그리고
더 벌기 위해 최선을 다해 살아라. 인생의 대본은 당신의 노력
과 스토리들로 알차게 채워져야 한다. 그 한 줄이 모여 귀한 삶
이 완성된다.

월 500만 원을 벌고 싶으면,

월 1,000만 원을 벌기 위해 노력해라.

월 1,000만 원을 벌고 싶으면,

월 2,000만 원을 벌기 위해 노력해라.

원래의 목표보다 정확히

2배의 눈높이로 노력해라.

실패해도 원래 목표는 달성하기에

실패가 아니라 눈높이가 높아진다.

불가능해 보였던 것들도

언젠가 통과하기 마련이다.

매일 계획하고, 바라고, 말함으로써,

'부모님에게 용돈 1억 드리기' 꿈을

20대 끝자락에 이루다.

평범한 청년이
월 1억을 벌 수 있었던
구체적인 방법

〈 1 〉

월 억대 수익으로 데려다준 모닝 5분 루틴

진정으로 성공하길 원한다면, 수많은 성공자가 강조하는 행동을 필사적으로 따라 해봐야 하지 않을까? 개인적으로 나는 자필 일기를 매일 써 왔는데, 4년 전부터 새롭게 시도한 것이 있다. 바로 자기 암시다. 2019년, 인생 최저 수입 70만 원을 받으면서 밑져봐야 본전이 아닌, 반드시 된다는 믿음으로 독하게 마음먹고 실천했다.

우선 백지를 꺼내 나는 누구인가, 나는 왜 사는가, 나는 어떻게 살 것인가, 나의 목표는 무엇인가라는 질문을 적었다. 그리고 "나는 살아있음에 이미 성공했다. 나는 억세게 운이 좋은 사람이다. 나는 아버지 김기복, 어머니 이병희의 자랑스러운 아들이자 김소연의 든든한 남편이다. 나는 꿈을 향해 매 순간 몰입하는 삶을 살겠다. 나는 무한한 긍정과 뜨거운 열정의 에너지를 나누며, 선한 영향력을 전달하겠다. 나는 반드시 성공한다. 나는 올해 12월까지 월 5,000만 원을 버는 것으로 성공을 증명하겠다. 나는 내가 생각하고, 기록하고, 말하고, 행동한 대로 전부 이뤄왔고, 앞으로도 달성할 것이다. 나는 반드시 성공한다. 내가 김형준이다."라는 답을 적었다. 이 중 월 목표 수입은 해마다 바뀌어, 현재는 월 3억이 됐다.

그 후, 매일 아침 눈을 뜨자마자 그 종이를 꺼내서 읽는 것으로 하루를 시작했다. 그랬더니 부정적이었던 기분이 사라지는 동시에 긍정적인 감정이 드는 것을 확실하게 느낄 수 있었다. 얼마의 시간이 지났을까. 아침에만 읽다가 잠들기 전에도 읽으면 좋겠다는 생각이 들어 바로 실천했다. 또 슈퍼맨 자세가 단기간에 자신감과 용기를 얻을 수 있다고 했던 게 떠올라, 거울 앞에 서서 내 눈을 바라보며, 양 허리에 두 손을 얹고, 내가 적은 내용을 또박또박 낭독했다. 그렇게 하루도 빠짐없이 반복하다 보니, 어느 순간부터는 전부 외우게 됐다.

나는 이 반복적인 확언을 통해 현재의 내가 됐다고 1,000%
확신한다. 하루의 시작과 끝을 나만의 긍정 확언으로 명령하고,
주입함으로써, 24시간 내내 목표에만 몰입하도록 스스로 환경
을 만들어주었으니까. 이 훈련은 지금도 이어지고 있다. 대신
하루 2번이 아니라, 부정적인 생각이 들거나, 기운이 가라앉았
다 싶을 때마다, 몇 번이고 소리 내어 말한다. 많게는 20번이 넘
을 때도 있었다.

인생은 본인이 쓰는 언어로 한계 지어진다. 언어는 자기 자
신의 생각을 담는 그릇이므로. 그러니 생각을 바꿔야 한다. 생
각을 목표에 집중할 수 있게끔 환경을 조성한다면, 해내지 못
할 것이 없다. 그러나 사람들은 해보지 않아 어색하고, 창피하
다는 핑계를 대면서 회피한다. 분명히 말하지만, 지금 같이 돈
벌기 편한 시대에 월 1,000만 원을 벌지 못한다면, 미안하지만
창피한 일이다. 만일 부끄럽지 않은 사람이 되고자 한다면, 당
장 오늘부터 당신이 바라는 모습을 확언하면서, 눈에 보이도록
적고, 반복해서 말하기를 시작해라. 정확히 1년 뒤에 나에게 고
맙다고 하게 될 것이다.

내 언어의 한계가

내 인생의 한계다.

말은 생각을 담는다.

현재 읽고 있는 책과

현재 만나는 사람들이

당신의 생각을 결정한다.

2

실행력을 2배로 높이는 3가지 방법

실천의 중요성은 누구나 알지만, 인간의 본능을 역행하기란 마음처럼 쉽지 않다. 나 역시 의지가 높거나, 실천력이 월등하지 않다. 그저 돈에 대한 강한 결핍이 그러한 기질을 이기게 도와준 것뿐이다. 더 솔직하게 고백하자면, 매 순간 내가 편리한 쪽으로 타협하는 일이 많았다. 그 와중에도 실행력을 높여, 성공한 삶으로 이끌어준 비결 3가지가 있어 공개해본다.

첫 번째는 느껴봐야 한다. 사람은 느껴보지 못해 경험하지 않으면 바라지 않는다. 바라지 않으니, 관심을 두지 않고, 생각하지 않는다. 생각하지 않으니, 행동하지 않아, 삶이 바뀌지 않는다. 단언컨대 현재의 모습은 자신이 생각한 총합이다. 그러므로 인생이 바뀌려면 반드시 먼저 느껴봐야 한다. 푸드 코너에 시식할 수 있도록 준비해두고, 자동차 매장에서 시승을 유도하는 것도 같은 맥락이다. 직접 느껴봐야 선택할 수 있으니까. 이렇듯 머릿속 생각에서 행동까지 이어지게 하려면, 오감의 자극을 통해 생생하게 느끼고, 체감해야 한다. 나는 갖고 싶은 차가 있으면, 무조건 먼저 느꼈다. 차에도 타보고, 차 앞에서 찍은 사진을 출력해 다이어리에 사고 싶은 날짜 앞에 붙였다. 그리고 힘들고 지칠 때마다 보면서 셀프 동기 부여를 했다. 그 결과 계획했던 날짜보다 더 빨리 구매하기도 했다.

하나의 예를 더 들자면, 내가 신입 때의 일이다. 실적이 좋은 사람만이 참가할 수 있는 분기 시상식이 진행된다는 공지를 들었다. 나는 대상자가 아니었지만, 그 이야기를 듣자마자 다이어리의 해당 날짜에 '시상식 참석'을 적고, 그날 스케줄을 비워뒀다. 어떠한 미팅보다 삶의 1순위를 시상식 참여에 둔 것이다. 지금은 아니지만, 언젠가는 그날의 주인공이 될 것이기에 잘하는 사람들이 어떤 대우를 받고 있는지 궁금했고, 먼저 느껴보기 위해서였다.

시상식 당일, 나는 예정대로 행사장으로 향했다. 하지만 본식이 끝날 때까지 기다려야 하는 상황이었다. 곧이어 마무리 멘트가 들리는가 싶더니, 문이 열렸다. 나는 이때다 싶어 시상식장으로 몰래 들어갔고, 무대 앞쪽 테이블에 앉아 있는 인상이 선해 보이는 한 남성에게 접근했다. 그러고는 귓속말로 "안녕하세요, 신입 김형준입니다. 괜찮으시다면, 선배님의 트로피와 꽃다발을 잠시 빌릴 수 있을까요?"라고 속삭였다. 그의 당황스러운 눈빛을 감시했지만, 굴하지 않고, 한번 더 요청했다. "사진도 찍어주시면 고맙겠습니다." 다행히도 그는 나의 요구를 들어주었고, 그렇게 나는 처음 본 사람의 트로피와 꽃다발을 들고, 시상자인 양 무대에 올랐다. 화려한 조명과 네온사인, 무대 아래가 아닌 무대 위에서 내려다보이는 광경을 보면서 나는 심장이 터지는 듯했다. 발뒤꿈치에서부터 정수리까지 짜릿한 전율이 흘렀다.

이처럼 나는 단 한번의 용기로 겪어보지 못한 느낌을 생생하게 경험했다. 더불어 박수부대가 아닌 주인공이 돼야겠다고 다짐했다. 이에 나는 그날 촬영한 사진을 휴대폰에 저장된 모든 사람에게 보냈다. 마치 내가 상을 받은 것처럼 말이다. 부모님에게는 "아들 상 받았어요.", 고객에게는 "고객님 덕분에 상 받았습니다.", 지인에게는 "나 상 받았어."라는 멘트와 함께. 나는 거기서 그치지 않고, 분기마다 다른 분의 트로피를 빌려 사진을 찍고, 똑같이 모든 사람에게 잘하고 있는 척 사진을 보냈다. 그러자 정확히 1년이 되는 시점에 처음으로 지인의 상담 요청 연락을 받았다. 잊을만하면 상 받은 사진을 보낸 결과였다. 그 때만 해도 SNS가 활성화 되어 있지 않아서 내가 설정한 홍보 방식이었다. 그런데 한두 번까지는 괜찮았지만, 세 번째부터는 2가지 감정이 들었다. 하나는 창피함이고, 또 다른 하나는 다음에는 기필코 수상자로 와야겠다는 각오였다. 그런 마음을 먹었던 덕분일까. 4분기에는 정말 수상자로 시상식에 참석했다.

앞서도 언급했지만, 인간의 마음과 의지는 나약하다. 그러하니 결심을 믿기보다는 실행으로 옮기게 하는 환경을 만들어야만 한다. 먼저 느끼고, 바라고, 달성할 수밖에 없는 배수의 진을 친다면, 누구나 해내지 못할 일은 없다.

두 번째는 부담스러운 내기를 하는 것이다. 많은 사람이 해야 할 일을 나중으로 미루곤 하는데, 이는 당장 급하지 않고, 불편하지 않기 때문이다. 그러다 보니 계속 편안함만 찾다가 끝내 자기 자신에게 지고 만다. 이를 벗어나려면 해야만 하는 인위적 환경 조성이 필요한데, 가장 쉽고 빠른 방법이 내기다. 전제조건은 부담스러워야 한다는 것이다.

나에게도 좋은 사례가 하나 있다. 팀장이 된 지 얼마 안 됐을 때, 일은 잘되고, 마음이 느긋해져 매일 야식을 찾게 됐다. 그랬더니 87kg이라는 내 인생 최대 몸무게를 찍고 말았다. 배가 나와서 셔츠가 터질 것 같아 새로운 사이즈로 맞춰야 할 지경이었다. 그렇다고 바로 각성하고, 체중 감량을 위한 자세를 취하지는 않았다. 위기의식을 느꼈음에도 야식을 먹을 때의 행복감과 포만감에 끌려 끊어내지 못했다. 입으로만 "빼야지." 하면서. 그러다가 더는 안 되겠다 싶어 팀원 6명을 모아놓고, 공표했다. 두 달 안에 10kg 체중 감량을 하지 못하면, 각각 50만 원씩 주겠다고. 300만 원짜리 내기를 한 셈이다. 말하기까지 무수히 망설였지만, 절실했기에 과감히 저질렀다. 신기하게도 그날부터 야식을 시키지 않게 되고, 계획한 대로 운동하면서 다이어트에 돌입했다. 덕분에 목표했던 날짜보다 조기 달성해, 실패하면 팀원에게 주기로 한 돈으로 기분 좋게 회식도 했다.

고통 없는 성장은 없다. 달콤하고, 따뜻한데, 현재보다 나아지는 인생은 없다. 그런 걸 좇는다면 비겁한 것이다. 원하는 목표가 있다면, 혼자만의 다짐으로 차일피일 미루지 말고, 주변에 알리고 내기해라. 실패하면 샤넬 백을 사주겠다고 말해라. 장담컨대 무조건 성공한다.

세 번째는 부담스럽지 않게 쪼개는 것이다. 가령, 두꺼운 책을 선물 받았다고 해보자. 내용보다 두께부터 본다면, 부담스러워 한 장 읽는 것도 귀찮아지고, 관심이 사라진다. 심지어 책을 안 보이는 곳에 숨기기도 한다. 대신 하루에 10장씩 읽겠다는 목표를 가져라. 그것도 부담이라면 더 쪼개어 5장만 보자. 이를 반복하다 보면, 내성이 쌓이고, 자신감이 오르고, 한 장씩 더 읽게 된다. 운동도 마찬가지다. 나는 딱 10분만 운동하고 와야지 하며 집을 나서는데, 집에서 헬스장으로 환경이 바뀌는 순간, 운동에 집중하는 사람들을 보면서 자극받는다. 또 사람의 감정과 에너지는 생각보다 빠르게 전염돼서, 10분을 훌쩍 넘겨 운동하고 있는 나 자신을 발견하게 된다.

내가 이 책을 쓴 과정도 같았다. 목차와 소주제를 정한 뒤, 마감일을 계산해 매일 원고 2개씩 써 나갔다. 목표 없이 한번에 원고를 끝내려고 했다면, 아마 완성하지 못했을 것이다. 타이머도 적극 활용했는데, 그날의 컨디션에 따라 쓰고 싶은 챕터를 정하고, 1개의 주제마다 1시간씩 투자했더니, 초고도의 몰입으로 작성할 수 있었다. 이렇게 하루에 2시간씩만 투자하면 한 권의 책이 완성된다.

실행력을 높이고 싶다면, 목표를 쪼개 부담을 덜어내라. 완벽한 실천보다, 불완벽하게 쪼갠 목표가 당신의 실행력을 높여줄 것이다.

3

매년 연봉 1억을 향상시켜준 영업 노하우

26살에 시작한 보험 영업으로 1년 만에 연봉 1억, 2년 차에 연봉 2억, 3년 차에 연봉 3억을 달성했다. 대한민국 보험 업계에서 최연소 상위 1%의 성과를 낸 것이다. 이렇게 되기까지는 여러 요인이 있었지만, 남녀노소 누구에게나 적용해도 성공할 '일 마감 포인트 챌린지'가 가장 큰 도움이 됐다.

좋은 아웃풋에는 좋은 인풋이 존재한다. 월 100만 원의 노력을 하면서 월 1,000만 원을 벌 수 없는 것처럼. 만일 학생이라면, 성적에 직접적인 영향을 줄 공부하는 시간을 늘려야 할 것이고, 자영업이나 영업을 하는 사람이라면, 소득에 실질적으로 영향을 미치는 행동에 집중해야 할 것이다. 스포츠에서도 마찬가지다. 아마추어 리그와 프로 리그가 존재하고, 모든 선수가 억대 연봉을 받지는 않는다. 이들의 결정적인 차이는 무엇일까. 바로 본인의 능력을 정확하게 숫자로 인지하고 있는가, 아닌가에 있다.

예를 들어, 프로야구 중계방송을 보면, 선수들이 나올 때마다 그의 타율을 보여준다. 그리고 그날 몇 번 타석에서 몇 번의 안타를 쳤는지, 몇 번 출루했는지, 홈런은 몇 번 쳤는지 등과 같은 개개인의 능력치가 언급된다. 그렇게 쌓인 1년 누적 통계는 다음 해 연봉 협상을 할 때 명백한 근거가 된다. 반면, 아마추어 선수들은 명확한 숫자가 아닌 느낌으로만 진행한다. 되면 좋고, 아니면 말고의 자세로.

이에 나는 프로가 되기 위해 '30포인트 챌린지'에 도전했다. 5점부터 1점까지 우선순위에 따라 액션 플랜을 정하고, 매일 최소 30점을 채우는 훈련을 했다. 내가 설정한 행동은 다음과 같다. 5점은 클로징이 포함된 가망 고객(보험에 가입할 것으로 예상되는 사람)과의 프레젠테이션 미팅, 4점은 초회 미팅, 3점은 1명의 가망 고객 소개, 2점은 일명 얼굴도장으로 부르는 안부

성 미팅, 1점은 동료와 가족을 제외한 고객 및 가망 고객과의 전화 통화. 설명을 덧붙이자면, 점심에 고객 1명과 초회 미팅을 하고, 저녁에 얼굴도장 미팅을 하면서 그로부터 3명을 소개받았다면, 점심 $4 \times 1 = 4$점, 저녁 $2 \times 1 = 2$점$+3 \times 3 = 9$ 총 15점이 되는 것이다. 그러면 남은 시간에 미팅을 더 하든, 전화를 15통 해서든, 무슨 수를 써서라도 30점을 만들었다. 29점에서 마지막 1점을 위해 한번 더 리스트를 점검하고, 통화 버튼을 눌렀을 때, 예상 못한 미팅이나 약속이 잡혔다. 이러한 1점의 작은 결실을 쌓다 보니, 소득으로 보상받게 됐다.

이것이 효과적인 방법이라는 확신이 든 나는 하루에 5명의 고객을 만나기 위해 애를 썼고, 그로 인해 매주 3건의 계약을 50주 동안 성사시킬 수 있었다. 그뿐만 아니라, 그 과정을 통해 영업 스킬이 향상되면서 나만의 노하우가 생겼고, 관련 지식도 풍부해졌다. 덕분에 2년 차에는 하루 2명만 만나도 1년 차일 때보다 연봉 1억이 올랐고, 3년 차에는 하루 1명만 만나도 연봉이 그만큼 더 상승했다.

나는 이를 게임과 비유한다. 게임에 빠지면 쉽게 헤어 나오지 못하는 것처럼, 나의 일상을 게임처럼 설정한다면 재미있게 살 수 있다. 중요하고, 필요한 행동을 숫자로 수치화해서 도전하는 하루를 살아라. 오늘 15점을 달성했다면, 내일은 1점이라도 더 달성해서 16점에 도전해라. 매일 1점씩 높여 가다 보면, 한 달 뒤에는 30점에 너끈히 도달할 것이다. 또 포인트가 오른만큼 당신이 원하는 값으로 반드시 보상받는다. 더불어 우선순위를 모르고 허비하던 삶도 재정비된다. 그러니 부디 5점부터 1점까지 설정하면서 어떤 행동이 중요한지 고민하며, 적어 보는 시간을 꼭 갖길 바란다.

주사위는 던져졌다. 나의 성공 비결을 전부 공개했으니 말이다. 선택은 당신에게 달려있다. 지금처럼 계속 느낌에 의존하며 살 것인가. 아니면 진실을 바탕으로 매일 포인트 달성에 도전할 것인가. 아마추어가 아닌 프로를 원한다면 답은 정해져있다.

4

하루에 10분도 낭비하지 않는 시간 관리법

인생은 공평하다. 태어나고, 죽음을 맞이하는 시기는 다르지만, 하루라는 시간은 똑같으므로. 이로써 내게 주어진 시간을 어떻게 보내느냐에 따라 인생의 퀄리티는 달라진다. 그러한 점에서 나는, 요즘처럼 각종 정보와 인사이트가 넘쳐나는 시대에 살고 있다면, 철저한 시간 관리를 통해 부의 변곡점을 만나봐야 한다고 생각한다. 특히 지금보다 더 나은 삶을 원하는 직장인이라면, 출·퇴근 전후의 시간 관리는 필수다.

반면 자영업자 또는 나와 같이 영업의 길을 가고 있다면, 온전히 본인이 세운 계획에 따라 생활해야 한다. 그런데 대다수가 노력한 만큼 수익을 얻을 수 있다는 매력에 세일즈를 선택하지만, 그만큼 자유로워서 실패하는 사람이 수두룩하다. 앞서 말했듯 인간은 본능적으로 편한 것에 더 끌리니까. 이러한 이유로 스스로 통제를 잘하는 사람이 성공하는 경우가 많다.

내가 월 소득 3억을 목표할 만큼 성장하게 된 것도, 시간 관리의 영향이 크다. 15년 동안 하루도 거르지 않고, 스케줄러를 기록해왔으니, 국내에서 시간 관리에서만큼은 손에 꼽힌다고 자부한다. 생각해봐라. 1년에 단 한번 연 마감을 하는 사람이 1년에 12번 월 마감하는 사람을 이길 수 있을지. 1년에 12번 월 마감하는 사람이 1년에 50번 주 마감하는 사람을 이길 수 있을지. 1년에 50번 주 마감하는 사람이 1년에 365번 일 마감하는 사람을 이길 수 있을지. 끝으로 1년에 365일 일 마감하는 사람이 1일을 오전, 오후, 저녁, 야간 4등분으로 나눠 1년에 1,460번 시간 마감하는 사람을 이길 수 있을지.

나의 마감은 스케줄러로 하는 오프라인 마감과 휴대폰으로 하는 온라인 마감이 있다. 먼저 오프라인 마감은 하루의 일정을 마치고, 퇴근 후 이뤄진다. 나는 스케줄러를 볼펜이 아닌 연필로 적는데, 계획은 언제나 유동적이므로, 수정 변경될 때마다 지우개로 깔끔하게 지우고 작성하기 위함이다. 이때 핵심은 아무도 없는 조용한 공간에서 자신과 대화를 나누는 형태로 진행하는 것이다. 그런 다음 그날의 이벤트, 미팅, 상담 내용을 정리하고, 놓친 것이 없는지 검토하고, 반성한다. 하루를 돌아보는 것 이상으로 중요한 건 이튿날의 계획인데, 내 경우는 미리 적어둔 이벤트, 해야 할 일을 시간대별로 포스트잇에 그대로 한번 더 적고, 깊이 고민하는 시간을 가졌다. 해당 이벤트마다 더 챙겨야 할 부분은 없는지, 좋은 아이디어는 없는지를. 혹 떠오르는 게 있다면 추가로 적었다. 이렇게 정성 들여 기록함으로써 각 이벤트를 미리 리허설하고, 시뮬레이션 하는, 즉 내 인생 미리보기를 했다. 거기서 끝이 아니다. 다음날 출근해 그 포스트잇을 꺼내놓고, 이벤트들을 실천할 때마다 동그라미로 체크하면서, 격하게 셀프 칭찬을 했다. 아주 작은 일이라도 실천할 때마다 격려했더니, 자연스레 자존감도 높아지고, 기세도 올랐다.

온라인 마감은 잠들기 직전 휴대폰으로 한다. 우리는 하루에도 휴대폰으로 수많은 사람과 소통한다. 그러한 가운데 사소한 것을 놓치면, 신뢰도가 떨어지므로 꼼꼼하게 챙겨야 한다. 나는 주로 메모장을 활용하는데, 해야 할 일이 떠오르면, 실시간으로 기재해둔다. 그리고 그것을 스케줄러에 옮겨 적어 실천하면서 지워나간다. 단, 메모장에 할 일을 가득 채워두기보다 빨리 실행해 없애는 데 중점을 둬야 한다. 뒤이어 하루 동안의 통화 목록도 점검한다. 부재중일 때 걸려 왔거나, 다시 연락하기로 약속하고 끊은 전화가 있다면, 상대방은 나의 연락을 기다리고 있을 테니까. 이제는 일반 문자 메시지와 카카오톡 메시지를 확인할 차례다. 메시지로 수십 통이 넘는 대화를 하다 보면, 중요한 공지나 일정을 놓칠 수 있기에 다시 한번 체크하는 것이다. 마지막으로는 기상 알람을 1분 단위로 5개 맞춘다. 이렇게 매일 온·오프라인으로 마감을 반복하면, 실수를 줄여 완성도를 높일 수 있다.

나에게 시간 관리와 일 마감은 양치질과 같다. 하루 양치질을 하지 않는다고 해서 당장 치아가 썩지는 않을 것이다. 그러나 시간이 흐르면 반드시 썩기 마련이다. 당신의 소중한 인생이 썩어 가지 않도록 내가 알려준 방식을 참고해, 낭비하지 않는 인생을 살아가길 바란다.

고수는 시간을

아끼기 위해 돈을 쓰고,

하수는 돈을

아끼기 위해 시간을 쓴다.

그렇게

부자는 계속 부자가 되고,

빈자는 계속 빈자가 된다.

5

내가 외모보다 훨씬 더 중요하게 생각하는 것

심리학적으로 인간이 제일 두려워하고 싫어하는 게 무엇일까? 바로 예측할 수 없는 모호한 상태, 불안이다. 반대로 불안하지 않게 해준다면, 모두에게 인정받을 수 있다는 뜻이다. 이는 비즈니스에 적용해 우뚝 성장한 기업의 사례만 보더라도 알수 있다. 가장 대표적으로 배달의 민족 앱을 통해 음식을 주문하면, "주문이 접수되었습니다.", "조리가 시작되었습니다."와 같은 진행 상황 알림 메시지가 온다. 카카오 택시도 마찬가지다. 택시가 배정되면, 기사의 신상과 함께 예상 도착 시간 그리고 위치 정보도 실시간으로 알려준다. 이용하는 고객에 대한 피드백인 셈이다. 이 같은 방식은 상대방에게 만족감을 주고, 신뢰를 쌓아, 반드시 소개까지 연결된다. 그야말로 선순환이다.

이로 미루어보아 피드백은 일종의 배려라고 할 수 있다. 그러니 피드백을 잘하지 않거나, 놓치면 배려받지 못했다는 생각에 좋은 감정이 생기지 않는다. 연애할 때 연락이 잘되지 않아 불안하게 하는 이성에게 마음이 떠나는 것처럼, 모든 인간관계도 마찬가지다. 연락이 잘되고, 피드백을 잘한다고 해서 무조건 성공하는 건 아니지만, 비즈니스에서 성공하고 싶다면, 피드백에 목숨을 걸어야 한다. 성공자 대부분이 연락도 잘되고, 피드백도 잘한다는 공통점이 있다는 사실을 안다면 말이다.

나 또한 세일즈를 하면서 가장 집중했던 부분이다. 하루에도 수십 명과 메시지와 통화로 소통하다 보면, 사람인지라 놓치는 실수를 하게 된다. 이에 나는 해야 할 일이나 중요한 일정이 생기면, 즉각 메모장에 적었다. 특히 성격이 꼼꼼하거나, 급한 고객은 빠른 피드백을 원해서 항상 두 번째 연락이 오기 전에 응답했다. 물론 까다로운 고객을 상대해야 할 때면 피로감이 몰려오기도 했지만, 그럴수록 더 웃었다. 그들에게 신용을 얻으면, 키맨이 될 확률이 높았기에. 실제로도 호락호락하지 않은 성향의 고객 마음을 얻으면, 소개가 꾸준히 이어졌다.

피드백을 할 때 중요한 포인트는 마감 기한이다. 명확한 시간을 정해 대응하는 것이 좋다. "제가 확인 후 연락드리겠습니다."가 아닌 "제가 오늘 18시 전까지 확인하고 알려드리겠습니다."라고 말하는 것이다. 그럼 요청한 사람은 마냥 기다리지 않고, 마음의 준비를 하게 되니, 남다른 느낌을 받는다. 아주 미세하지만, 여기서 아마추어와 프로는 한 끗 차이임이 드러난다.

음식점에서 흔히 보게 되는 광경도 비슷한 예로 들 수 있겠다. 나도 성격이 급하고, 완벽주의인 편이라, 사소한 걸 놓치는 걸 싫어하는데, 식사를 마치고, 계산할 때 카드만 받아서 결제하는 종업원을 보면 종종 불안하다. 혹시라도 추가로 계산하지는 않는지, 실수하지는 않았는지 해서다. 반면 "고객님, 오늘 드신 메뉴는 이러이러하고, 총 얼마입니다. 확인 부탁드립니다."라며, 한번 더 피드백을 구하는 종업원을 만나면 그렇게 반가울 수 없다. 너무나 당연하지만, 지켜지지 않는 곳이 많아서 드는 감정이다.

하나의 팁을 덧붙인다면, 개인적으로 나는 최초·중간·최종 피드백 가운데 중간 피드백을 가장 중요하게 생각한다. 상대가 연락이 오기 전이나, 물어보기 전에 한발 빠르게 움직이는 것이 전략이라면 전략이다. 업무에서도 다를 게 없다. 상급자의 지시에 따라 몇 % 진행됐는지, 수정 또는 보완이 필요하지는 않는지 확인받는 단계만 거쳐도, 최종 보고의 시기를 단축하고, 결과물의 완성도도 높일 수 있다. 기다리는 상급자의 입장에서 불안을 덜어내는 건 덤이다. 그러므로 성공하고 싶다면, 외모에 신경 쓰는 것 이상으로 적절한 피드백으로 신뢰를 얻길 바란다.

6

인생을 바꿔줄 귀인과의 만남

올해 내 나이는 40세다. 그런데 감사하게도 많은 사람이 아직 30대 같다며, 동안이라고 칭찬한다. 외모를 관리하기는커녕 선크림도 잘 바르지 않을 만큼 꾸미기에 관심이 없는데도 말이다. 그 비결은 무엇일까. 타고난 유전자의 영향도 있겠지만, 나는 9살 연하의 사랑하는 아내를 만난 덕분이라고 생각한다.

여러 차례 얘기했지만, 사람의 기운은 빠르게 전염된다. 누구를 만나, 시간을 보내고, 생각을 공유하는지가 중요한 이유다. 수많은 자기 계발 도서에서도, 자주 만나는 사람 5명의 평균이 자신의 모습이라고 하니, 부정할 수 없는 부분이다. 그러니 인생을 바꾸고 싶다면, 만나는 사람을 바꿔야 한다.

　이러한 관점에서 나는 항상 아내를 귀인이라고 말한다. 인생에서 가장 힘든 시기를 보내고 있을 때 만난 그녀가 내 삶을 우상향시켜줬으므로. 조금 더 설명을 곁들이자면, 아내는 나와는 정반대의 외향적 성향으로, 매일 아침 내가 출근할 때마다 현관문 앞에서 활기찬 응원을 해준다. 덕분에 내 일상 곳곳에 감사와 행복이 흐름은 물론, 좋은 텐션을 유지하게 해준다. 그뿐만 아니라 나의 소득 기네스를 달성하게 된 가장 큰 요인도 아내다. 그녀의 넘치는 에너지가 나를 감싸주어, 언제나 즐겁게 비즈니스에 임하니, 결과가 좋을 수밖에 없어서다.

　그러나 불과 몇 년 전만 해도 나는 결혼 생각이 전혀 없었다. 서울에 상경해 오랫동안 혼자 지내는 생활에 적응하기도 했고, 목표만 바라보고 달렸던지라, 연애할 시간에 차라리 일하는 게 낫겠다 싶었다. 더욱이 힘든 경험들로 마음의 여유도 없었다. 나이를 먹을수록 시간과 감정 낭비를 하고 싶지도 않았다. 그러다 지금의 아내를 운명처럼 만났다.

　사람들이 묻는다. 배우자를 선택하게 된 이유가 무엇인지 궁금하다고. 당연히 외모도 중요하지만, 가장 끌린 부분은 말을 예쁘게 하고, 적극적으로 표현한다는 점이었다. 나의 부모님은 연세가 많고, 표현에도 서툴다. 그렇다 보니 나조차 내 속마음을 상대방에게 전달하는 게 어렵고, 어색했다. 뜻은 있지만, 방법을 몰랐던 것이다. 반면에 아내는 말뿐만 아니라 표정으로도 내 사기를 충전해준다.

살짝 언급했듯 외향적인 성격도 한몫한다. 내가 외향적이라고 오해하는 사람이 많은데, 나는 말하기를 그다지 좋아하지 않는 극 내향인이다. 강의할 때는 사회적인 가면을 쓰고, 최선을 다해 일하고 있다고 보면 된다. 상황이 이러해서 밖에서 모든 열정을 쏟아내고 집으로 가면, 기진맥진한다. 어쩔 수 없이 말하기를 좋아하는 아내의 말에 적극적으로 반응해주지 못해 미안할 때가 많다. 그런데도 이해해주고, 나를 정성껏 서포트해준다.

과거 직업이 헤어 디자이너였던 것도 내게는 큰 축복이다. 정기적으로 시간을 따로 내어 미용실에 가지 않아도 될뿐더러, 내가 원하는 스타일을 연출해주고, 유일한 고객으로 대우를 받는 특권을 누릴 수 있어서다. 중요한 행사가 있을 때는 메이크업까지 책임져주니, 전문 스타일리스트를 둔 격이다. 아무래도 아내는 김형준이라는 상품의 가치를 더 높여주는 없어서는 안 될 존재인 듯하다.

무엇보다 결혼 후, 혼자일 때는 느껴보지 못한 마음의 안정이 찾아왔다. 그것은 사랑하는 가족을 책임져야 한다는 의무감이었다. 그동안은 부모님에게 효도하며, 내 인생의 꿈만을 위해 살아왔다면, 이제는 아내의 꿈을 이뤄주기 위해서라도 열심히 살아야 한다. 그로 인해 특별한 동기 부여가 필요 없다. 그동안 영업을 하고, 관리자가 되어 숱한 귀인을 만났지만, 내 인생 최고의 귀인은 누가 뭐라 해도 아내다. 업무 외에는 허술함 가득한 나의 부족한 부분을 채워주고, 지지해주는 둘도 없는 파트너이기에. 그래서 내 인생 최고의 세일즈는 단연코 아내의 마음을 얻은 것이다.

7

부자들의 마음을 얻는 비법

성공적인 세일즈를 위해선 상품의 지식, 판매의 스킬도 뒷받침돼야 하겠지만, 그보다 상대방의 마음을 얻어야 한다. 그 비결을 한마디로 정의하면, 연애하듯이 하면 된다. 그것은 돈으로도 살 수 없고, 진심과 정성이 깃든 시간이 필요하다. 만일 마음을 사로잡게 되면, 나머지는 자동으로 따라온다. 그렇다면 어떻게 하면 될까? 여기에 내가 활용한 비법을 소개한다.

첫 번째 방법은 '생일 챙기기'다. 생일은 누구에게나 1년에 단 한번 있는 이벤트다. 또 당사자에게 연락할 수 있는 최고의 명분이기도 하다. 이에 나는 카카오톡을 통해 "고객님, ○○번째 생신을 진심으로 축하드립니다. 제가 축하 노래 불러드릴게요. 생일 축하합니다. 생일 축하합니다. 사랑하는 고객님, 생일 축하합니다."라고 육성으로 녹음한 생일 축하 노래와 자필로 쓴 편지 사진 그리고 커피 기프티콘을 보낸다. 가장 좋은 축하는 케이크나 선물을 구매해 직접 만나러 가는 것일 수도 있겠지만, 모든 고객에게 일일이 찾아가 챙기는 것은 현실적으로 불가능할뿐더러, 경험상 현명한 선물은 주는 사람도 부담스럽지 않고, 꾸준히 지속할 수 있는 형태가 돼야 해서 채택한 방식이다. 실질적으로 들어간 비용은 얼마 되지 않지만, 고객이 받은 감동은 10배 이상이라고 확신한다. 선물이란 이렇게 하는 것이다. 각박한 디지털 시대에 아날로그 진심과 정성을 담아서 전한다면, 소중한 사람으로 기억될 것이다. 흔한 문자 메시지나 이모티콘, 기프티콘과 비교되면서 말이다.

두 번째는 '꿈 선물'이다. 한번은 기분 좋은 꿈을 꿨다. 내가 소속한 회사가 현대여서인지는 몰라도, 고(故) 정주영 회장과 양탄자를 타고, 하늘을 나는 꿈이었다. 평소 관심 없지만, 로또를 사지 않으면 후회될 정도로 내게는 의미 있는 꿈이었다. 때마침 그 주에 유명한 인플루언서를 처음 만날 기회가 있었다. 선물을 고민하다가 그때 구매한 로또를 자필 편지와 부담스럽지 않은 선물과 함께 건넸다. "원래 평소에는 사지 않는데, 이 번 주에 기분 좋은 꿈을 꿔서 사게 됐습니다. 오늘 그 로또를 선 물로 드리고 싶습니다. 여기 제 꿈을 선물로 드리겠습니다."라는 멘트와 같이. 나는 실질적으로 들어간 돈은 5,000원이지만, 5만 원 이상의 감동과 재미, 효과를 볼 수 있는 선물이라고 생각했고, 실제로도 상대방은 너무 재미있어하면서 소중한 꿈을 선물 받아 감동이라고 했다.

세 번째는 '나 팔기'다. 상담에서 가장 중요한 마지막 계약 클로징 때는 상품이 아닌 김형준을 팔았다. "오늘 제가 제안한 상품은 저희 회사에만 해도 전국의 3,000명의 설계사가 똑같이 가입시킬 수 있습니다. 상담을 저에게 받았다고 해서 무조건 가입해야 하는 법도 없고, 저한테 가입한다고 해서 상품이 특별히 달라지거나, 더 좋아지지도 않습니다. 그렇다면 왜 저여야만 하는지 믿을 수 있는 근거를 보여드리겠습니다."라며, 매일 적어온 다이어리를 꺼냈다. 그 첫 장에는 부모님과 찍은 가족사진과 주민등록번호가 적혀 있는데, 부모님의 이름과 명예를 걸고, 진실만을 말하겠다는 뜻이 담겨 있다고 설명한다. 이어서 하루하루 기록해온 치열한 삶의 흔적을 보여줬다. 절대 단시간에 이뤄질 수 없는 기록을 공개하는 것만으로도, 5분 아니, 1분 안에 그 누구에게라도 신뢰를 줄 수 있었다. 그에 더해 나의 고객이 됐을 때 누릴 혜택도 덧붙였다. 요약하자면 "저는 직업 특성상 다양한 사람을 만나고, 고객으로 모시고 있어서 인맥이 넓습니다. 오늘부터 금융과 관련해서는 담당자인 저를 찾아주시고, 금융 이외의 다른 분야의 도움이 필요하면 무조건 연락주세요. 바로 확인하고 피드백 드리겠습니다. 참고로 저는 매일 아침 7시부터 자정까지 일합니다."라는 내용의 약 10분에 걸친 소신 가득 찬 프레젠테이션을 들은 모든 사람은 주저 없이 나의 고객이 됐다.

끝으로 고객의 마음을 얻기 위해서는 3가지 확신이 필요하다. 첫째, 오늘 상품을 구매했을 때 당신의 인생에 반드시 도움이 될 것이라는 확신, 둘째, 나를 믿고 가입하면 대한민국에서 가장 관리를 잘해주는 관리자가 되겠다는 확신, 마지막은 나는 반드시 성공할 사람이니 믿고 따라와도 된다는 확신이다. 상담하는 동안 눈빛, 말투, 억양, 목소리, 제스처, 표정으로 잘 전달한다면, 그 누구의 마음도 얻을 수 있다. 당신은 지금 어떤 확신이 있는가? 원하는 것을 얻고 싶다면, 알려준 특별한 방법과 3가지 확신을 마음속 깊이 다지길 바란다.

앞으로의 시장은

무엇을 어떻게 파느냐가 아니라,

누가 무엇을 파느냐의 시대다.

고객은 더 이상 바보가 아니다.

상품이 아닌 자신을 팔아라.

8

평범한 사람이 부자가 되는 가장 확실한 루틴

평범한 소득에서 내 강의를 듣고, 월 1,000만 원 이상의 수익을 내는 제자가 많이 생겼다. 그중에서도 단연 으뜸은 김진수라는 친구다. 불과 1년 6개월 전만 하더라도 월 100만 원도 벌지 못해 세일즈를 그만두려 한 그가 현재는 월평균 2,000만원의 소득을 올리고 있으니 말이다. 더욱이 그는 회사 내에서도 리틀 김형준이라고 부를 정도로 내가 알려준 방식을 복제수준으로 따라 하고 있다. 그렇다 보니 그와 나의 강점은 매우닮았다.

첫째, 흡수력이 강력하다. 이미 증명된 성공 레시피는 따라

하기만 하면 긍정적인 결과가 따라온다. 실수와 실패로 인한 시간도 줄일 수 있어 단시간에 효과를 본다. 앞서 나는 상대방의 신뢰를 빠르게 얻고자 부모님 사진과 주민등록번호를 고객들에게 공개했다고 했다. 그런데 그는 여기서 더 업그레이드하여 가족관계증명서를 출력해 활용 중이다. 그뿐만 아니라 내가 하루도 거르지 않고, 다이어리와 자필 일기를 작성했다는 이야기를 듣고, 그대로 실행하는 것은 물론, 독창적인 자기소개법으로 발전시키기도 했다. 이로써 그는 전국 지점을 대상으로 본인만의 노하우를 알려주는 강사로도 성장했다.

둘째, 오래 생각하지 않는다. 사람들은 종종 어떻게 하면 행동할 수 있는가에 대해 묻곤 한다. 여기에 대한 답은 정해져있다. 생각하지 말고, 그냥 하는 것. 왜냐하면 몸을 움직이다 보면 절로 생각하게 되니까. 대다수가 본인이 중요하다고 판단하는 부분만 하고자 하는데, 이는 큰 실수다. 우리는 단지 성공한 사람이 알려준 대로만 하면 된다. 만일 자꾸만 자기의 생각과 색깔을 집어넣으려고 하면, 결실을 보기까지의 시기를 늦추어 불안감이 들 수밖에 없다. 이는 의욕을 떨어뜨리는 요인이 되기도 하니, 부디 묻지도 따지지도 말고, 성공자의 비법을 알았다면 실천해라.

셋째, 감사함을 안다. 그 무엇보다 가장 중요한 태도인데, 감사할 줄 아는 사람에게는 감사한 일이 더 생긴다. 이에 나는 지점장으로서 면접을 볼 당시 후보자들에게 첫 질문으로 최근에 있었던 감사한 일 3가지를 물었다. 이때 바로 자신 있게 대답하지 못한다면, 평소 감사에 대해 생각하지도 않고, 할 줄도 모른다고 이해했다. 사실 잘되면 자기 덕분이고, 안 되면 남 탓을 하는 경우가 많다. 그러나 반대의 입장이 돼야 한다. 감사할 줄 모르고, 모든 걸 당연하게 받아들이는 순간 위기가 시작되므로. 이러한 관점에서 바라봤을 때, 지금까지도 돈을 벌게 해줘서 고맙다며 선물을 해오는 진수는 진정한 감사를 느끼고, 전할 줄도 안다. 말로만 하는 겉치레가 아닌, 자본주의 시대의 가치로 진심을 표현하는 것이다.

아무리 성공하는 법을 오픈해도, 결국 하는 사람과 하지 않는 사람으로 나뉜다. 한다고 하더라도 알려준 대로 하는 반면, 재해석해서 자신의 스타일로 수정하는 사람이 있다. 여기서 질문을 하나 해본다. 라면을 가장 맛있게 끓이는 법은 뭘까? 제품 뒷면에 명시해둔 설명대로 끓이는 것이다. 그것은 그 라면을 가장 잘 아는 사람들이 연구해서 만들어낸 가장 완벽한 레시피어서다. 처음에는 그대로 따라 하다가, 숙련된 뒤 새로운 재료를

넣어보면서 시도해야 자기만의 요령이 생기는 법이다.

이 원리를 확신하는 나는 온라인 강의에서 미션을 똑같이 이행했음에도 100일 안에 월 1,000만 원을 벌지 못하면, 수강료 전액을 환불해준다는 공약을 걸었다. 그런데도 3만 원도 아닌 30만 원이라는 적지 않은 돈을 입금해놓고도, 완강조차 하지 않는 경우가 많다. 만일 나라면, 본전을 뽑아내기 위해서라도 3번 이상 듣고 1,000만 원 이상을 달성해, 자필 편지와 함께 30만 원어치 선물을 보낼 것 같다. 이 모든 성과는 선생님 덕분이라고. 그러면 분명 진수와 나처럼 소중한 인연으로 발전할 것이다.

한번 더 강조하건대, 성공법이 넘쳐나고, 그만큼 자료를 쉽게 구할 수 있는 시대에 평범한 사람이 특별해지는 비결은 단 하나다. '누구나 알지만, 하지 않는 단순한 방식들을 똑같이 따라하고, 될 때까지 시도하기'. 이는 기필코 당신을 성공자의 대열에 오르게 해줄 것이다.

9

신입에게 주 5일과 워라밸은 사치일 뿐

인생이 바뀌기 위해서는 다음 5단계가 필요하다.

첫째, 결정적 계기

둘째, 사고의 전환

셋째, 집중적인 시간 투입

넷째, 해당 분야 스킬 향상

다섯째, 반복 실천

이 가운데 세 번째에 해당하는 시간의 집중 투입에 관한 이야기를 나눠보려 한다.

세상에 공짜는 없다. 그러니 부디 요행을 바라지 마라. 로또 1등 당첨을 노리기보다는 그만큼의 금액을 벌 수 있는 자신의 몸값을 키우는 노력을 해라. 로또를 사러 가거나, 당첨 번호를 확인하고, 낙첨되어 좌절감을 느낄 시간에 차라리 자기 계발에 투자해라. 몇 분 안 된다고 얕볼 수도 있지만, 5분, 10분이 수년간 쌓이면, 무시 못 할 힘이 된다.

나는 40대가 됐다는 사실이 믿기지 않을 때가 종종 있다. 어린 시절에 40대라고 하면 아저씨 이미지를 떠올렸는데, 어느새 내가 그 나이에 접어들었으니 그럴 만도 하다. 여전히 마음은 20대인데 세월이 참 빠르다 싶다. 살아서 숨 쉬는 한 당신에게도 30대, 40대, 50대, 60대, 70대가 반드시 올 것이다. 그런데 다음 해를 설렘으로 기다릴 것인지, 나이 먹음에 두려워할 것인지는 당신의 행동에 달렸다. 누구나 전자의 삶을 원할 텐데, 그렇게 되기 위해서는 본인의 실력을 향상시켜야 한다. 여기에 몰입의 시간은 기본이다. 다시 말해, 일주일을 8일, 9일 그 이상처럼 살아야, 살고 싶은 대로 사는 인생을 살 수 있다.

이는 경험자로서 확실하게 말할 수 있다. 나는 내가 꿈꾸는 모습을 머릿속에 선명하게 그리며, 20대 중반부터 30대를 월요일부터 일요일까지 일했다. 주말엔 소득을 높여줄 상담 약속을 더 잡을 수 있었기에 일을 안 할 이유가 없었다. 물론 눈앞의 워라밸을 추구하며, 주 5일을 외치면서 적게 일하거나, 여행을 다니거나, 연인과 데이트하거나, 혼자만의 시간을 충분히 갖는 동기들이 부럽기도 했다. 그런 와중에도 나는 반드시 역전되는 순간이 오리라 믿고, 마음을 다잡았다. 그리고 내가 예상했던 대로 그때의 바람은 실제 상황이 되어, 주말에 일하지 않아도 금전적인 여유가 있다. 특히 결혼 후에는 사랑하는 아내와 보내는 시간을 방해받지 않아도 되어 무척 좋다. 아마 아이가 생긴다면, 가정을 위한 시간을 더 많이 할애할 것이다. 그래도 전혀 타격받지 않게 세팅해둔 덕분이다. 그뿐만 아니다. 노동 소득이 아닌, 일하지 않아도 수입이 생기는 다양한 파이프라인을 만들어둠으로써, 평일에도 내가 원하는 대로 시간을 활용할 수 있다.

일과 삶의 균형이라는 개념은 애당초 말이 안 된다. 어디에서나 두 마리 토끼를 잡을 수는 없는 법이다. 하나를 얻으려면, 반드시 하나는 포기해야 한다. 나는 현재의 삶을 꿈꾸며, 일에만 집중해왔다. 그래서 지금 이 순간이 너무 감사하고, 매일이 소중하다. 과거에 노력한 하루하루가 누적되어 혜택 받는 시기가 본격적으로 시작됐으니 말이다. 게다가 남은 세월도 지금처럼 살아도 부족함이 없고, 앞으로 더 완벽해질 것이라는 확신이 있기에 행복하기만 하다.

진정한 부자란 돈이 많은 사람이 아니라, 시간이 많은 사람이다. 돈을 아무리 많이 벌어도, 자신이 계속 신경 쓰며, 직접 해야 한다면, 진짜 부자가 아니다. 그러므로 나를 위해 일해 줄 사업 파트너, 키맨을 오프라인과 온라인상에 많이 만들어 놔야 한다. 빈자들은 돈을 벌기 위해 소중한 시간을 쓰고, 부자들은 소중한 시간을 벌기 위해 돈을 쓴다는 사실을 명심해라.

"워라벨, 워라벨" 하면서 하고 싶은 대로만 산다면, 나중엔 하고 싶지 않을 때 해야만 하는 일을 하면서 평생 살아야 할 것이다. 그러고 싶지 않다면, 당장 하고 싶지는 않지만, 해야 할 일을 해라. 그러면 워라벨보다 더 좋은 골든벨을 울리며 살날이 분명 온다.

10

시간의 오류와 단절하기

실패하는 사람들이 잘하는 것 중 하나가 '착각'이다. 예를 들어, 책상에 오래 앉아 있었다고, 공부를 많이 했다며 위로한다. 아침 일찍 출근하고, 늦게 퇴근하면서 열심히 일했다고 주장한다. 같은 예로 다이어트를 해야겠다고 고민하는 것을 다이어트 중이라고 생각하면 안 되는 것처럼, 시간은 행동하지 않은 시간에 비례하지 않는다. 오직 결과에 실질적인 영향을 미치는 실행에만 비례한다.

그렇다고 무작정 시간을 투입해서도 안 된다. 얼마만큼의 진한 농도로 몰입했는가가 성패를 좌우한다. 또 그 기간에 직접

적이고, 관련된 실천으로는 무엇을 했는지 객관적으로 판단할 수 있어야 한다. 이때 중요한 것이 기록이다. 팩트로 남겨놓지 않으면, 결국 남는 것은 느낌뿐이니까. 분명히 말해두지만, 기록이 아닌 기억으로는 결코 완벽한 피드백과 보완을 할 수 없다.

　세일즈에서 실적이 낮은 사람들도 위와 같은 착각을 한다. 가령, 지점에 출근해 시간을 보내는 것만으로도 일하고 있다고 한다. 그들에게 오늘의 스케줄을 물으면, 그저 열심히 하겠다고만 하는데, 이는 할 일이 없다고 말하는 것과 같다. 그렇게 해서는 절대 아마추어를 벗어날 수 없다. 반면, 프로들은 미팅 일정은 기본이고, 몇 명과 통화할 것인지, 소개받을 인원까지 계획하여 움직인다. 목표가 명확하니, 잠들기 직전까지 이를 달성하기 위해 움직일 에너지가 있다. 이로써 그들에게 중요한 것은 활동한 시간이 아니라, 작정한 바를 해냈느냐 해내지 못했느냐다. 만일 해내지 못했다면 잠을 자지 않겠다는 각오로 덤빈다. 그러니 결실이 좋을 수밖에 없다. 한번 더 강조한다. 눈에 띄는 성장을 하려면, 고민으로 흘려보낸 시간을 내세울 것이 아니라, 원하는 것을 얻기 위해 무엇을 했는가 하는 행동값에 열중해야한다.

상담 자료를 준비하는 것도 일하는 시간으로 이해하기도 한다. 하지만 세일즈의 답은 사무실이 아닌 현장에 있다. 그런데도 고객을 만나지 않고, 상담 자료만 들여다보고 있다. 물론 그 과정도 필요하다. 헌데 사람을 만나며, 소통해야 할 중요한 시간대에 책상 앞에만 앉아 있다면, 다음 달 월급은 불을 보듯 뻔하다. 이러한 태도는 본인이 하는 일의 우선순위를 정확히 인지하지 못하는 데서 벌어지는 광경이기도 하다. 꼭 해야 할 일을 하지 않은 채, 무언가에 집중하면서 시간을 보내고, 스스로 위안하는 꼴이니 말이다. 더 큰 문제는 이 루틴을 반복하다 보면, 그것이 당연하게 되고, 완벽하게 일을 열심히 하고 있다고 믿게 된다는 점이다. 기억해라. 본질을 벗어나서는 성공할 수 없다.

온라인 강의 제자 가운데 보험업 3년 차의 주부가 있다. 그녀는 2명의 자녀 케어로 평일에만 오전 10시부터 오후 4시까지, 하루 6시간만 일하면서 무조건 5명을 만나고 퇴근한다. 그렇게 해서 월 1,300만 원 이상의 소득을 낸다. 내가 인정하는 시간을 완벽하게 효율적으로 사용하는 사람이다. 그도 그럴 것이 오전 7시에 출근해 오후 11시까지 근무해도, 3명도 안 만나는 세일즈맨이 업계에 태반이기 때문이다. 씨앗을 뿌리는 만큼 좋은 실적으로 돌아온다는 사실을 알면서도 말이다.

나는 이 책의 초고를 쓰기 위해 하루 2시간씩 집필했다. 길지는 않지만, 그 시간만큼은 휴대폰도 끄고, 오로지 원고에만 몰입했다. 그로 인해 두 번째 책을 출간할 때보다 두 달이나 앞당겨 마무리할 수 있었다. 만일 내가 '원고 써야지.'라고 생각만 했다면, 어림없는 결과다.

바보처럼 시간의 오류에 빠져 착각하지 마라. 대신 의자에서 엉덩이 떼고, 직접 부딪치면서 진짜 일을 하길 바란다. 당신의 귀중한 시간에 미안하지 않도록.

'미리 경험하기'를 통해

내가 되고 싶은 모습을 체험함으로써

정확히 1년 만에 목표를 달성하다.

성공한 사람
대부분이 실천하는
방법

1

운과 성공을 끌어당기는 3가지 말 센스

말에는 살아 움직이는 힘이 있다. "말이 씨가 된다."는 표현도 결코 틀린 말이 아니다. 자신도 모르게 내뱉은 말이 쌓이고, 모여서, 행동이 되고, 습관이 되어 현재를 만들어냈고, 미래도 결정하니까. 이런 진리를 아는 나는 주차를 해야 할 때, 습관처럼 내뱉는 말이 있다. 바로 "나는 뭘 해도 돼."이다. 이 말을 반복하면서 자리를 찾으러 다닌다. 그럼 신기하게도, 마치 기다리기라도 했다는 듯이 주차되어 있던 차가 빠져나가면서 나에게 주차할 공간이 생긴다. 무조건 긍정적이고 좋은 말만 해야 하는 이유가 여기에 있다.

나에게는 삶의 모토라고 지칭할 만큼 '어이그'라는 말버릇이 있다. 어이구가 아니라 어이그. 15년간 일기를 쓰면서 인생을 전부 기록해오다 보니, 과거에 벌어진 모든 이벤트를 하나도 잊지 않고, 확인하며 발견해낸 것이다.

첫 번째 '어'에는 '어차피 잘 될 테니까.'라는 뜻이 담겨있다. 나는 심심할 때나 힘들 때 꼭 하는 루틴이 있는데, 1년 전, 2년 전, 5년 전, 10년 전 오늘 날짜의 나는 어떻게 살았는지 다이어리를 찾아보고, 그날에 적은 일기를 읽어보는 것이다. 그러면 기가 막히게도 그때도 힘들어 죽겠다는 이야기뿐이다. 초창기로 갈수록 괴로워하는 모습이 역력하다. 창피하고, 민망하지만, 여기엔 적을 수 없을 정도의 상스러운 육두문자도 많이 적혀있다. 그만큼 고통스러웠음을 증명하고 있다. 보험 영업을 한다고 무시하던 사람들에게 성공으로 복수하겠다고 다짐하며, 독기를 품었던 순간들이기도 하다. 이제야 웃으면서 말할 수 있는 추억이지만, 당시엔 살기 위해 멘탈을 잡으려고 했던 처절한 몸부림의 흔적이다.

높은 목표를 가졌던 만큼 그와 비례한 고난과 시련이 많았다. 해결이 절대 나지 않을 것 같아 불안하고, 답답하고, 스트레스를 받는 일이 많았지만, 시간이 지난 뒤에 보면, 모두 잘 해결되어 있었다. 굳이 찾아보지 않는다면, 기억조차 나지 않을 이벤트가 되어버린 것이다. 이처럼 대부분의 문제는 어차피 전부 잘 해결될 테니, 세상에서 가장 소중하고 중요한 자신에게 스트레스 주지 말자. 포기하지 않는 한 다 잘 풀릴 테니까.

두 번째 '이'는 '이 또한 지나간다.'를 의미한다. 좋은 일이든, 안 좋은 일이든, 영원한 건 없다. 눈앞의 처절함도, 화려한 영광도 결국 과거가 되어버린다. 그러므로 과거의 실패에 젖어 현재를 허비하지 말고, 현재의 성공에 취해 미래를 준비하지 않으면 안 된다. 물이 흐르지 않고 고이면, 반드시 썩게 되는 것처럼, 정처 없이 흘러가는 시간 앞에 안주하며, 멈춰선 안 된다. 계속 움직이면서 도전하자. 기적이 허용되는 그 순간까지.

마지막 '그'는 '그럼에도 불구하고 해낸다.'다. 2019년 유튜브를 시도하려는 나에게 주변 사람들이 말했다. 유튜브는 포화 시장이어서 지금 시작하는 건 늦었다고. 재미있는 건 그때 그렇게 말한 사람들은 여전히 시작하지 않았고, 그들의 인생 또한 그대로다. 아마 지금은 더 늦었다고 말하면서 도전하지 않는 자신을 철저하게 합리화하고 있을 것이다. 하지만 많은 사람이 할 수 없다고 말하는 곳에는 반드시 기회가 있다. 절대 늦은 때란 없다. 오늘이 가장 하기 좋은 타이밍이고, 최고의 순간이다. 그러니 주변의 소리에 귀 기울이지 말고, 나는 도전한다는 자세로 살아가자. 그리고 도전하기로 했다면, 반드시 해낸다는 마인드도 필요하다. 그런 자세로 나아간다면, 처음에는 왜 하느냐고 물을 테지만, 시간이 지나면 어떻게 했는지 물어볼 것이다. 반드시 성공해서 불가능은 없음을 입증하자.

"어차피 잘 될 테니까. 이 또한 지나간다. 그럼에도 불구하고 해낸다."를 습관처럼 말하자. 세상의 모든 운과 성공을 끌어모으는 데 도와줄 것이다. 힘들다고 어이구 한숨 쉬면서 한탄하지 말고, 어이그라고 반복적으로 말하자. '어'차피 '이'미 이 책을 선택해 읽고 있는 당신의 성공은 '그'렇게 이뤄질 수밖에 없다.

2

부를 2배속으로 끌어당기는 부자들의 습관

　새해가 되면 가장 많이 하고, 가장 많이 듣는 말은 단연 "새해 복 많이 받으세요."다. 그러나 나는 이 말을 별로 좋아하지 않는다. 예의상 하는 말이지만, 결국 복을 만드는 건 다른 사람들이 해주는 형식적인 말이 아니라, 본인의 노력에 달려있어서다. 부자가 되고 싶은가? 그렇다면 복을 반으로 쪼개라. 그러면 반복이 된다. 성공은 이 반복에 달려있다. 그러니 앞으로는 진심을 담아 새해 인사를 할 때 "새해엔 반복 많이 하세요."라고 말해줘라.

　경험상 같은 행동을 2달 반복하면 습관이 되고, 4달을 이어

가면 지인들이 인정하기 시작하며, 6달째부터는 눈에 나타나는 결과로 나타나고, 1년이 지나면 인생이 바뀐다. 또한 반복으로 다져진 겉모습은 당사자의 많은 부분을 알려주는 지표가 되기도 한다. 이로써 "체형은 그 사람의 식습관을, 언어는 그 사람의 생각을, 자산은 그 사람의 돈을 대하는 태도를 알 수 있다."는 말은 일리가 있다.

내가 세일즈업에서 상위 1%라는 탁월한 성과를 내게 된 것도, 2년 4개월 동안 매주 3건의 계약 체결을 지속한 덕분이다. 이에 그 기간을 통해 직접 체득한 반복의 긍정 효과 3가지를 여기에 공유하고자 한다. 부디 당신에게 동기 부여가 되어, 반복의 힘을 몸소 느껴보길 바란다.

첫째, 소득이 안정적으로 유지된다. 매주 3건, 한 달이면 아무리 못해도 12건 이상의 계약을 체결하게 된다. 당연히 월 소득이 기본 이상으로 쌓인다. 돈을 많이 벌기 위해 영업을 선택했다면 계약을 해야 하는 게 기본이다. 가입 금액을 떠나서 만 원이라도 매주 계약한다면, 소득은 당연히 올라간다. 둘째, 고객을 빠르게 모을 수 있다. 매주 계약을 하니, 고객을 유치할 수 있게 되고, 1년 뒤에는 100명 이상의 관리 명단이 생겼다. 유튜브도 구독자 수 1,000명을 보유해야 광고를 삽입할 수 있는 자격이 주어지듯, 비즈니스에서도 적정 수준의 진성 고객 수를 만들어야 한다. 보험 영업에서 가장 빠르게 고객 100명을 만드는 방법은 단 하나, 3W뿐이다. 셋째, 자존감 확립이다. 일반 직장인보다 세일즈를 하는 사람들의 소득은 불안정하다. 월급이 정해져 있지 않으니 예측이 되지 않고, 이번 달의 성과가 다음 달의 급여로 결정된다. 또 아무리 일을 잘하더라도 다음 달 계약이 없으면 소득도 없다. 이런 불안정한 상황을 사람들은 기피하고, 싫어한다. 게다가 생각지도 않은 갑작스러운 고객의 민원, 계약 해지, 철회 등은 스트레스를 불러오고, 멘탈을 무너지게 한다. 마치 감정의 기복이 주식처럼 오르락내리락한다. 만약 고객과의 상담을 앞둔 직전 상황에서 이런 불상사가 벌어진다면, 정상적인 미팅을 기대할 수도 없다. 반면 매주 3건의 계약을 반복하면, 이 모든 게 해소된다. 설득과 노력으로 고객이 청약하는 모습을 보는 순간, 자존감이 빠르게 올라가며, 설령 자존감이 떨어지더라도 빠르게 회복하고, 부정보다는 긍정의 텐션을 유지하는 시간이 더 길다. 멘탈이 흐트러질 틈이 없는 것이다. 그래서 세일즈맨에게 최고의 약은 청약, 계약이라는 말도 있다.

자신감과 자존감의 차이도 알아야 한다. 자신감이 '할 수 있어.'라면, 자존감은 '못해도 괜찮아.'의 느낌이라고 보면 된다. 자존감을 높여주다 보면, 자신감이 절로 생기기에 이런 상황을 만들려면, 스스로를 격려하고, 기세를 올려줘야 한다. 내가 추천하는 방법의 하나는 매일, 매주 자신이 정한 목표를 성취해낼 때마다 기분 좋게 보상해주는 것이다. 옷이 될 수도 있고, 먹을 것이 될 수도 있고, 사랑하는 사람을 위한 선물이 될 수도 있다. 이는 반복적인 행위를 지속하게 하는 원동력이 되어준다. 그러나 사람들은 유치하고, 해보지 않은 일은 부담스럽고, 어렵다고 생각하기 때문에 잘 실천하지 않는다. 당부하건대 타인을 향한 칭찬과 선물을 비교했을 때, 정작 본인에게는 얼마만큼 위로와 격려를 해주고 있는지 돌아봐야 한다. 더불어 대부분의 부자는 자신에게 꾸준한 칭찬과 보상을 하고 있음을 안다면, 하지 않을 이유가 없다.

당신도 성공하고, 부자가 되고 싶다면, 이 대부분이 되어야 한다. 매주, 매일, 매 순간 반복해라. 진짜 복은 자신의 반복으로만 얻을 수 있다.

"할 수 있어!"는

자신감

"못해도 괜찮아!"는

자존감

꾸준한 운동으로

자존감을 키우고,

자신감으로 임하자.

3

부모님 말을 듣지 말아야 하는 이유

시대가 변했지만, 단 하나 바뀌지 않는 것이 있다면, 자식을 사랑하는 부모님의 마음일 것이다. 당연히 그들을 공경하고, 사랑해야 하는 건 맞지만, 적어도 직업 선택에서만큼은 부모님 말씀에 전적으로 따를 필요는 없다. 고금리에, 처음 입사한 곳이 평생직장으로 보장됐던 과거와 달리, 투잡, 스리잡 심지어 그 이상의 N잡이 당연하고, 흔해진 현대이므로.

나의 어머니는 내가 전역 후에 안정적인 공무원이 되기를 바랐다. 아버지에겐 대학원에 합격했다고 거짓말하고, 어머니에게 보험 영업을 한다고 했을 때 반대가 심했다. 이에 나는 딱

1년만 해보겠다는 마감 기한을 정하고, 겨우 설득에 성공했다. 실패하면 그때부터는 원하는 공무원 시험을 준비하겠다는 조건으로. 그래서 여전히 고향 본가에는 한번도 펼쳐보지 않은 9급 공무원 교재가 있다. 이제 와 생각해보면, 죽어도 공무원 시험을 준비하기 싫어서 영업에 목숨 바친 것이 아닐까 싶기도 하다. 누군가에게는 안정적인 삶이 좋을 수도 있겠지만, 무난하고, 평범함에 만족해야 하는 삶은 내가 원하는 진짜 삶이 아니었으니 말이다.

그렇게 시간이 지나 팀장, 지점장을 하면서 20~30대의 사회 초년생 채용을 많이 했는데, 끝내 부모님을 설득하지 못하고 포기하는 경우가 많았다. 당시에는 안타까웠지만, 시간이 지나 그런 친구들은 영업을 하지 않는 게 낫다는 생각이 들었다. 가장 오랜 시간 자기를 지켜본 부모님조차 설득하지 못하는데, 과연 누구를 설득할 수 있겠는가 싶어서다. 자신이 하고자 하는 확신과 의지만 있다면, 누구라도 설득할 수 있어야 한다. 내 경우만 보더라도, 어머니의 반대를 이겨내고 선택한 그날의 무모한 도전이 현재의 삶을 만들었고, 부모님의 인생도 함께 바꾸어 놓았다. 내가 부모님의 든든한 연금이 됐으니까. 정말 만에 하나 공무원이 됐다면, 내 가정은 꾸려나갈 수 있었겠지만, 여전히 용돈을 드릴 때는 계산적일 수밖에 없었을 것이다.

그러니 정보가 넘치고, 습득이 빠른 지금 같은 시대에선 부모님뿐만 아니라, 주변 지인의 말도 들을 필요가 없다. 한번도 그 일을 경험해보지 못한 사람들의 뻔한 격려와 조언 따위는 갖다 버려라. 오직 그 분야에서 성공으로 증명한 사람, 실패했더라도 오랜 시간 실제 경험해본 사람들의 충고에만 귀 기울여라. 이와 관련해 한 가지 에피소드를 들려주자면, 내가 1년 차에 외제차를 끌고 부대에 갔더니, 사람들이 비웃었다. 2년 차에 더 좋은 차를 끌고 갔을 땐 눈빛이 바뀌었고, 3년 차에 더 좋은 차를 끌고 가니 인정하기 시작했다. 그 후 5년 차에 지점장이 되어 나타났더니, 그렇게 반대하면서 실패할 거라고 호언장담하던 사람들이 "역시 성공할 줄 알았어."라고 했다. 인생의 선택에 정답이란 없다. 자신의 선택이 정답이 되게끔 노력하는 매일만 있을 뿐이다. 그저 우리는 결과로 증명만 하면 된다.

또 하나, 여행을 갈 때도 부모님의 말씀을 들어선 안 된다. 부모님에게 1억을 드리고, 얼마 지나지 않아 내게 강한 공허함이 밀려왔다. 행복하지도 않고, 성공한 느낌도 들지 않았다. 곰곰이 생각해보니, 그동안 일만 하느라 가족과 보낸 시간이 전혀 없었던 탓이었다. 그리하여 나는 3개월마다 가족 여행을 가기로 했다. 바쁜데 뭐 하러 가냐는 만류에도 불구하고, 오로지 행복한 감정을 느끼기 위해서였다. 모든 비용을 지원하면서 부모님, 누나 가족과 여행을 떠났다. 그렇게 나의 행복을 위해 떠나기 시작한 전국 여행은 돈으로도 살 수 없는 평생 남을 추억을 만들어 줬다. 그리고 여행하는 동안 지켜본 어머니의 표정은 1억을 드렸을 때보다 더 행복해 보였다. 얼마 전, 코로나로 한동안 가지 못했던 가족 여행을 부활하자고 말씀드렸더니, 아니나 다를까 이번에도 한사코 거절하셨다. 일하느라 정신없을 텐데 나중에 가자면서. 그러나 효도에 다음이란 없다고 생각하는 나는 내 계획대로 추진했다. 그랬더니 늘 그랬듯 부모님은 너무 즐거워하셨다. 이제는 안다. 부모님의 괜찮다는 말은 그래도 시간을 내서 여행을 가면 좋겠다는 의미임을. 차를 선물해드릴 때도 마찬가지였다. "안 어울리게 내가 무슨 외제차냐."고 하셨지만, 막상 사드렸더니, 카카오톡 프로필에 차 앞에서 찍은 사진을 올려두고는 지인들에게 자랑하신다.

성공하기 전에도, 성공한 후에도 부모님의 말씀을 듣지 마라. 적어도 이 책을 읽은 당신만큼은 "부모님의 말씀과 반대로 하길 잘했어요."라고 말했으면 한다.

4

'선거절'을 잘하는 사람이
부자가 될 수밖에 없는 이유

인생을 살면서 혼자가 아닌 둘이 있을 땐 반드시 상대방을 설득해야 한다. 혼자라면 내가 원하는 대로 하면 되지만, 연인이나 친구가 함께한다면, 각자 먹고 싶은 음식이나, 보고 싶은 영화가 다를 수 있어서다. 이때 자신이 원하는 방향으로 유도하려면, 타협을 해야 한다. 다시 말해, 우리 일상은 협상으로 이뤄져 있다. 꼭 멋진 정장 복장에, 테이블 위에서 서류를 사이에 두고, 진지한 대화를 하는 것만이 협상이 아니란 소리다.

영업 초반에 계약을 하기 위해 스케줄을 정하고, 상담을 하다 보니, 약속이 깨지거나, 계약을 거절당하는 경우가 많았다.

하지만 경험이 쌓이고, 노하우가 누적되다 보니, 그 빈도를 조금씩 줄여갈 수 있었다. 그 가운데 깨달은 바는 고객의 거절을 미리 예방하기 위해 정성을 들여야 한다는 부분이다. 가령, 피플 비즈니스에 많은 영향을 끼치는 게 날씨다. 춥거나, 눈·비가 오거나, 미세먼지가 심한 날에는 누구나 돌아다니기 싫고, 퇴근하면 집에 일찍 가서 쉬고 싶어 한다. 이러한 이유로 그 주의 날씨를 미리 파악하고 있어야 한다. 또 미팅 5일 전에 1차, 2일 전에 2차 메시지를 보내, 상대방이 약속을 인지하도록 해야 한다. 1차에는 일시와 장소를 확인하는 내용이라면, 2차에는 약속 재확인 및 날씨를 포함해서 보낸다. 예를 들어 "미팅 날에 비가 많이 온다고 하네요. 우산 꼭 챙기시고, 빨리 들어가서 쉬실 수 있도록 1시간 안에 상담 끝내드리도록 하겠습니다. 전에 말씀드렸던 제안서 성심성의껏 준비했으니, 기대해주셔도 좋습니다."라고 보내는 것이다. 날씨로 인해서 고객이 당일에 약속을 취소할 수 있는 걸 사전에 방지하는 거다. 막상 만나면, 1시간이 아닌 2시간 넘게 상담하게 되는 것은 어쩔 수 없지만 말이다.

선거절은 미팅이 성사되기 전에도 그렇지만, 실제로 만나서도 중요하다. 상담하면서 제일 많이 들었던 거절의 멘트가 "나중에 할게요.", "다음에 할게요."였다. 그래서 나중에, 다음에라는 말이 나오지 않도록 초반부에 미리 선거절을 하기 시작했다. "우리나라 사람이 보험 때문에 총 3번 후회한다고 합니다. 첫번째는 조금 더 젊을 때 가입할 걸, 두 번째는 다치기 전에 가입해둘 걸, 세 번째는 보장 금액을 조금 더 높게 가입해둘 걸 하면서요."라고 운을 뗀 다음, "언젠가는 가입할 보험이라면 가장 젊을 때인 지금, 건강할 때인 지금, 혹시 모르니 더 크게 준비하세요. 실패하는 사람들이 제일 잘하는 말, '나중에', '다음에' 하지 마시고요. 오늘이 가장 좋은 날입니다."라며 상담을 시작하는 것이다.

20~30대 사회 초년생은 철회나 해약 문의가 많았는데, 흔한 레퍼토리가 어머니가 가입 사실을 알게 되어, 취소하라고 했다는 말이었다. 이때는 부모나 형제에게 모든 돈을 믿고 맡겼다가 문제가 생긴 연예인들의 사례를 알려주면서, 금융업에 종사하는 부모님이 아니라면, 반드시 믿을 수 있는 전문가와 상담해야 함을 강조했다. 그럼에도 불안해하면, 그 자리에서 어머니에게 전화하도록 해 바꿔 달라고 했다. 그렇게 통화가 연결되면, 어떻게 상담을 진행하게 됐는지, 어떤 상품에 가입했는지, 설명이 필요하다면 찾아뵙겠다고 했다. 개중에는 부담스러워

하면서 계약하지 말라는 반응을 보이기도 했지만, 계약 후 철회 당하는 것보단 차라리 낫다는 판단에 그 방법을 계속 고수했다. 그리고 대부분은 직접 만나게 되면, 나를 신뢰하고, 부모님 본인의 보험도 믿고 가입하기도 했다.

살면서 숱하게 협상과 설득의 상황과 마주할 것이다. 그게 꼭 비즈니스가 아니라도 말이다. 매 순간 당신이 원하는 것을 얻고, 승리하는 게임을 하고 싶다면, 반드시 선거절을 해라. 아마추어는 설득하려 힘쓰고, 고수는 선거절에 힘쓴다는 걸 명심해라.

5

방치하면 무조건 가난해지는 3가지 진리

15년간 수많은 사람이 스쳐 지나갔다. 나는 아직도 업계에 남아 정상의 자리를 지키고 있지만, 대부분은 떠났거나, 업을 바꾸었다. 그렇다 보니 성공한 사람보단 실패한 사람을 더 많이 봐 왔고, 그들에겐 3가지의 필연적인 공통점이 있음을 발견했다.

첫 번째는 후회를 잘한다. 그것도 과거의 후회다. 선택은 누가 했는가. 바로 자신이다. 그러니 전혀 남 탓, 환경 탓을 할 필요가 없다. 그럼에도 "그때 할 걸.", "그때 살 걸.", "그때 갈 걸." 하면서 지난 시간에서 벗어나지 못한다. 나도 부동산에 관심이 없을 때, 대출 없이 현금 7억의 전세로만 살다가 갑작스러운 부동산 폭등으로 강남 아파트를 구매할 수 있는 타이밍을 놓친 적이 있다. 그리하여 매일 TV에 나오는 아파트값 폭등 기사를 보면서 '그때 왜 안 샀을까?' 하는 자책감에 시달리며, 극심한 스트레스를 받았다. 대출도 70%나 될 때라, 당시에 살던 강남 아파트를 갖고 있던 돈으로 충분히 사고도 남았는데, '나중에 결혼하고 사지 뭐.'라는 막연한 생각으로 기회를 날려버렸다. 다행히 영원한 건 없듯이, 시간이 흘러 감사하게도 다시 하락의 시점이 찾아왔다. 그때의 경험으로 부동산에 관심을 두게 됐고, 잡지 못했던 기회비용을 만회하겠다는 결심으로 재기하자마자 부동산을 매입했다.

이렇듯 기회는 반드시 다시 찾아온다. 지금이야말로 부동산, 주식 등 모든 자산이 떨어질 때, 자신의 소득 원금을 높일 수 있는 좋은 시기다. 내가 늘 하는 말이 있다. "아, 이러려고 그때 그랬구나." 성공을 만들어낸 사람만이 후회스러운 지난날에 멋지게 복수하며 할 수 있는 말이다. 누구나 과거를 후회할 수 있다. 그러나 바꾸지 못하는 과거에서 빠져나오지 못하면, 다시 찾아올 기회마저 놓치게 되고, 후회하는 삶을 반복하며 살게 된다. 아직 오지 않은 미래를 살아도 불안해하며 산다. 그러니 과거와 미래가 아닌 기적을 만들어낼 현재의 삶에만 집중하고 살아라. 그게 후회 없는 삶을 살 수 있는 유일한 방법이다.

두 번째는 비교를 잘한다. 요즘은 SNS의 발달로 수많은 부자와 셀럽의 하루를 직·간접적으로 들여다볼 수 있다. 그러다 보니 현재 자신과 타인의 삶을 비교하게 되는 상황이 많아진다. 특히 아직 자존감이 확립되지 않은 어린 친구들에겐 이 같은 현실이 괴롭기도 하다. 부탁하지만, 단편적인 사진 한 장으로 남과 자신을 비교하면서 본인을 갉아먹지 마라. 나 역시 신입 시절에 동기, 선배, 타 지점의 실적이 좋은 사람들과 비교하면서 부러워한 적이 많았다. 직설적으로 말하면, 나보다 외모가 떨어진다고 생각한 사람의 성과가 더 높았을 땐, 그들보다 더 잘하지 못했다는 사실에 자괴감마저 들었다. 팀장, 지점장이 되어서도 마찬가지였다. 무섭게도 그런 일상이 익숙해져 현재에 안주하게 됐다. 그 상태로 바닥까지 갔다가 천재일우의 기회로 반등했고, 오늘에 이르렀다. 어느 순간 뒤를 돌아보니, 그 많았던 경쟁자는 업계를 떠났고, 나 혼자 같은 길을 계속 걸어가고 있다.

자신의 소득과 상관없는 주변의 가십거리에 소중한 시간과 감정을 낭비하지 마라. 비교를 하려면, 긍정의 자극으로 적극 활용해라. "쟤가 했으면 나도 할 수 있어."라는 마음으로 말이다. 그저 묵묵히 가자. 당신의 전성기는 오지 않았으니, 지금 포기하기엔 이르다. 그 누구보다 최선을 다했던 나도 15년이나 걸렸다. 언제나 지구상의 유일한 당신의 비교 대상자는 다른 사람이 아닌, 최고로 잘나갔던 과거의 자신뿐이란 걸 명심하면 좋겠다. 또 자신보다 낮아 보인다고 무시하거나 오만해서도 안 된다. 사람의 앞날은 그 누구도 알 수 없으니까.

세 번째는 고민이 많다. 고민을 많이 하는 이유는 완벽해지려고 하기 때문인데, 이건 큰 착각이다. 완벽함이란 존재하지 않는다. 불완전하지만, 행동과 실천을 통해 완벽한 결과를 완성해갈 뿐이다. '어떻게 해야 리스크가 생기지 않을까?', '실패하면 어쩌지?' 하는 꼬리에 꼬리를 무는 상상만 하다 보면, 좋은 기회는 다른 사람에게 다 뺏기고 만다. 마음에 드는 이성이 있어도 고민만 한다. '대화를 거는 걸 부담스러워하면 어쩌지?', '남자친구가 있으면 어쩌지?' 하면서 말이다. 그러다가 홀연히 나타난 다른 용기 있는 남자의 손을 잡는 것을 지켜만 봐야 한다. 우물쭈물 고민만 하면서 생각을 완벽하게 하려다 보니 벌어진 결과다.

나는 영업을 할 때도 고민하지 않고, 하고 싶은 말을 다 한 다음 마무리했다. 상대방이 부담을 갖지 않을까 하는 건 내 생각이지, 그 사람의 생각이 아니다. 부담을 느낀다면 거절할 것이다. 참고로 나에게는 하루 평균 20명이 넘는 모르는 사람들의 메시지가 온다. 채용 문의, 강연 문의, 아무런 목적 없는 문의 등. 그렇다고 모든 질문에 응하지는 않는다. 내 허락 없이 먼저 연락하는 사람들에게 나도 대답을 안 할 권리가 있으니까.

정확히 말하면, 본인이 거절당할까 봐, 상처를 감당하지 못할까 봐 말하지 않고, 실천하지 않는 거다. 상처받을 게 두려워서 용기를 내지 못한다면, 절대로 원하는 것을 얻을 수 없다. 인생을 살면서 거절당하고, 거기에 상처받고, 좌절하는 건 당연하다. 내가 상대에게 제안할 권리가 있다면, 상대방은 내 제안을 거절할 권리가 있다. 15년 차인 나도 거절당할 때가 있다. 그러면 더 성장하고, 보완해서 다시 설득해야겠다고 독기를 품는다. 고민에서 딱 민만 빼고 그냥 고(Go)해라. 당신의 소중한 기회를 날려, 가난해지고 싶지 않다면 말이다.

부의 퀀텀점프

그때 할 걸

그때 살 걸

지금이 또

그때입니다.

지나가버린

그때는 잊고,

앞으로 만날

그때를 위해

선택하세요.

6

월 200만 원 VS 월 1,000만 원의 일하는 방식

"김 단장님이 가장 감사한 순간은 언제였나요?"

한 강연회에서 받은 질문이다. 그 한마디에 불현듯 첫 번째 사수였던 팀장이 생각났다. 그는 교육 끝자락에, 영업 첫 달에 월 1,000만 원의 실적을 달성하지 못하면, 짐 싸서 고향으로 내려가라고 호통쳤다. 돌이켜보니 15년 중에 가장 감사한 순간이었다.

인생은 자기 눈높이대로 살게 되어 있다. 고학력 가정에서 자란 아이라면, 어린 시절부터 부모님의 라이프를 보고 자랐기에,

무의식적으로 공부를 잘해야 한다고 생각할 것이다. 그만큼 보고, 배우고, 듣고, 느끼는 게 큰 영향을 끼친다. 코로나 시절에 태어난 아이들이 마스크를 써야 하는 걸 당연하다고 받아들이게 된 것처럼. 이런 관점에서 현재의 자신은 어떤 기준의 눈높이로 살아가는지, 그 기준이 합당한지, 심도 있게 고민해봐야 한다.

짐을 싸서 업계를 떠나라는 팀장의 강한 마무리 멘트에, 나는 월 1,000만 원을 벌기 위해 안간힘을 썼다. 그 목표를 달성하려면, 못해도 매주 3건의 계약을 체결해야 했다. 이에 하루에 5명을 만나기로 나만의 전략을 세웠다. 하루에 5명, 일주일이면 35명, 한 달이면 140명 이상을 만나게 되는 스케줄이었다. 140명 중에 10%인 14명만 계약해도, 한 주에 3명 계약이 가능하다는 계산이 나왔다. 당연히 만나는 모든 사람을 상담할 수 있는 건 아니다. 시간적 한계도 있고, 약속을 잡은 대로 모든 사람을 만날 수 있는 건 아니기 때문이다.

그래도 총량을 넓혀야 확률이 따라오는 법이니, 실행으로 옮겼다. 그런데 매일 5명을 만난다는 건 정말 힘들었다. 지인 시장에는 한계가 있고, 시간이 흐를수록 만날 수 있는 사람은 점점 줄어들었다. 그리하여 계약 여부를 떠나, 상담을 진행한 사람에게는 소개를 3명 이상씩 받았다. 만날 사람을 계속 늘여나간 것이다. 또 오전 10시가 되면, 무조건 사무실에서 자리를 떴다. 그러고는 한국인에게 중요한 밥정을 쌓을 수 있는 점심과 저녁 식사 시간에는 1차 또는 2차 미팅을 진행했고, 나머지 시간대에는 약속 장소로 잡힌 지역의 인근에 있는 고객 회사에 방문해 10분 정도 얼굴도장을 찍었다. 다시 말해, 중요한 미팅 2건, 얼굴도장 3건이 나의 평균 일정이었다. 신기하고 감사한 건, 계약할 목적 없이 근처에서 상담을 마치고, 얼굴도장만 찍으러 간 곳에서 전혀 예상하지 않았던 계약이나 소개, 상담을 받은 적이 많았다는 사실이다.

이렇듯 월 1,000만 원을 벌겠다는 목표로 임하는 사람은 하루에 5명 만나기라는 명확한 기준이 있지만, 뚜렷한 소득의 기준 없이 그냥 시작한 사람은 하루에 몇 명을 만날 것인지 일 목표조차 없다. 하다가 얻어걸리면 좋고, 아니면 말고 식이다. 하지만 기억해야 할 것은 내일이 있고, 다음 주가 기다리고 있다는 점이다. 그리고 눈 깜짝할 사이에 월 마감이 찾아온다. 그러므로 계획이 없다면, 경제적 악순환의 고리는 끊어내지 못할 것이다.

부의 퀀텀점프

모든 일에서 가장 중요한 건 기본기다. 특히 영업은 성실해야만 성공할 수 있다. 적어도 처음 1년은 의무로라도 스케줄을 마친 후, 지점으로 복귀해 하루를 마무리하고, 내일을 준비해야 한다. 처음 100일의 습관과 자세, 눈높이가 누적되어 자연스레 이어지므로. 생각해봐라. 자신의 비즈니스에 본인이 시간과 관심과 정성을 쏟지 않는데 잘될 리가 있을지.

통장에 월 1,000만 원이 찍히는 걸 보는 순간, 나도 마음만 먹으면 뭐든지 해내는 사람이라는 자신감과 새로운 정체성이 확립된다. 이것이 가장 큰 가치이다. 내가 앞서 이야기한 팀장에게 고마워하는 데도 여기에 있다. 이걸 경험해보지 못한 사람들은 계속 낮은 눈높이의 둘레에서 벗어나지 못하고, 어느 순간 적응하며, 현실의 삶에 안주해 버린다. 시간이 더 흐르면, 처음 이 일을 선택했던 이유를 잊고, 뛰지 않는 가슴으로, 사는 대로 생각하게 된다. 그뿐만 아니라, 목표가 있는 사람들과 눈높이, 습관, 태도가 복리로 차이가 나, 소득의 격차는 따라갈 수 없는 수준에 다다르고 만다. 성공은 막연하게 보낸 시간이 아닌, 하루하루어떠한 목표와 눈높이로 어떻게 노력했는가 하는 시간의 밀도에 비례한다. 설령 그렇게 산다고 해서 남에게 인정받으려고도 하지 마라. 오직 하늘이 알고, 자신만 알면 된다.

여태껏 살아보니 세상은 너무 공평하다. 그러니 남 탓, 환경 탓, 도구 탓하지 마라. 모든 문제와 해결책은 외부가 아닌 나 자신에게 있다. 나는 아직도 내게 신선한 충격을 준 회사의 연도 시상식에서 무대에 오른 선배들의 첫마디가 생생하다. "우리 회사 정말 사랑하고, 감사합니다. 이렇게 돈을 많이 벌게 해주셔서." 지점에서 봐온 선배들은 담배 냄새에 찌든 상태로 부정적인 기운만 뿜어냈는데, 너무나 다른 모습이었다. 전혀 다른 세상에 온 것 같았다. 같은 회사, 같은 상품, 같은 시스템인데, 누구는 회사를 사랑한다고 하고, 누구는 불평불만만 늘어놓는다는 것을 그때 알았다.

월 1,000만 원을 벌고 싶은가? 답은 간단하다. 현재 그렇게 벌고 있는 사람 3명을 찾아가라. 그리고 그들을 그렇게 만들어준 가장 중요한 요인 3가지, 총 9가지를 배워라. 그리고 그대로 똑같이 해라. 절대 스스로 판단하지 말고, 그들이 알려준 그대로 따라 해라. 실패해도 월 500만 원 이상은 벌 수 있다.

7

평범한 사람과는 다른 부자들의 아침

옷을 입을 때도 첫 단추를 잘 끼우는 게 중요한 것처럼, 하루의 시작인 아침에 좋은 루틴을 만들어야 한다. 성공을 여는 첫 번째 시작점이므로. 여기서 질문 하나 하겠다. 당신은 눈을 뜨자마자 무엇을 하고 있는가. 만약 성공한 사람들이 강조하며, 실천하는 것을 하고 있지 않다면, 미래에도 지금처럼 살고 있을 확률이 높다. 조금이라도 바꾸고 싶은 마음과 의지가 있다면, 오늘부터 하나라도 시작해보자. 인생의 성공은 결국 오늘 하루를 잘사는 것이니까.

어느 순간부터 일면식이 전혀 없는 사람들로부터 연락이 오기 시작했다. 특히 자신의 힘들었던 인생사부터 현재까지의 삶, 앞으로 어떻게 살면 좋을지 조언을 구하는 내용의 메시지가 많았다. 처음에는 신기하고, 감사해서 전부 읽었다. 그리고 아침부터 우울한 이야기를 읽게 되어, 내 에너지가 가라앉는데도 불구하고, 시간을 내어 정성껏 답변을 보냈다. 하지만 대부분이 나의 응답에 반응이 없거나, 아예 읽지도 않았다. 이 사실을 알고 난 후로는 신세를 한탄하는 장문의 메시지는 부담스러워서 확인하지 않는다. 그들에게는 나 한 명이지만, 나에게는 매일 최소 10명 이상이 그런 식으로 연락을 해오니, 한 명당 5분만 할애해도, 나의 소중한 1시간이 사라지기 때문이다. 나의 가족과 함께 일하는 동료에게 에너지를 쏟아도 모자랄 판에 말이다.

예전의 나처럼 눈을 뜨면, 제일 먼저 휴대폰부터 찾는 사람이 많을 테다. 밤새 와 있는 메시와 SNS 게시물을 일일이 확인하며, 감정을 뺏기는 행동을 하는 것이다. 하루에 사용할 수 있는 에너지 총량이 있는데, 나도 모르게 소비하기 시작한다. 그리고 눈을 감기 직전까지 휴대폰을 본다. 특히 잠들기 전 휴대폰을 과하게 보면, 수면에도 안 좋은 영향을 미친다. 이렇게 말하는 나는 이제 취침 30분 전부터는 휴대폰을 열지 않는다. 잠을 잘 자는 것도 성공에 중요한 요소라서 꼭 지키려고 한다.

그렇다면 아침에 무엇을 하면 좋을까? 최대한 휴대폰을 멀리하고, 눈을 감고, 숨을 고르자. 호흡을 가다듬고, 평온한 상태를 취하자. 마음이 편안해지는 음악이나, 명상할 때 좋은 노래를 들으면서 하면 더욱 도움이 된다. 명상을 통해 숨 고르기를 하는 건, 장을 보러 갈 때 구매할 목록을 미리 메모해 가는 것과 같다. 리스트가 준비되어 있으면, 감정에 휩쓸려 불필요한 소비를 하거나, 괜한 시간 낭비를 하지 않게 되는 것처럼, 명상을 통해 자신에게 집중하면서, 어떻게 하루를 대할 것인지 그림을 그려봐라. 자신에게 집중할 수 있는 상태가 됐다면, 확언을 하자. 한 문장을 말할 때마다 의심하지 말고, 이미 현실이 된 것처럼 받아들이고, 온몸으로 느끼자. 또 "나는 살아있음에 이미 성공했다."라고 외쳐라. 성공이란 특별한 게 아니다. 지금 이 순간 숨 쉴 수 있는 공기, 생각할 힘, 건강한 육체가 있으니, 이미 성공의 조건을 갖추고 있는 셈이다. 이를 인지하면, 감사한 마음과 행복한 감정이 온몸으로 퍼지는 동시에, 곳곳의 세포들이 깨어난다. 더불어 진정한 감사함을 알게 되면, 이 세상 모든 문제는 큰일이 아닌 게 된다. 살아있는 것만으로 이미 성공한 삶 아니던가. 명상과 확언을 통해 우주의 주인공은 자신이라는 사실을 만끽하자.

가벼운 스트레칭을 하는 것도 도움이 된다. 나는 올해부터 팔굽혀 펴기 100개의 루틴을 실시하고 있다. 가슴뿐만 아니라 전신 근력 운동이 되어 상당히 좋다. 게다가 아침부터 근육이 생기니, 자연스레 마음의 근력 강화로 이어져 자신감을 충전시키고, 자존감을 높인 상태로 하루를 임할 수 있게 한다.

다이어리를 통한 시각화로 시뮬레이션도 해야 한다. 하루 전일 마감을 하면서 미리 정성스레 작성해둔 오늘 스케줄과 해야 할 일을 눈으로 확인하면서 마음속으로 하루를 예측해본다. 이렇게 하면, 충분한 마음의 여유가 생긴다. 게임으로 치자면, 테트리스의 블록들이 천천히 떨어지는 느낌이라, 어떤 상황에서도 침착한 대응이 가능하다. 당연히 실수도, 놓치는 부분도 없다. 반대로 이 과정을 건너뛰면, 블록이 엄청난 속도로 떨어지는 듯이 보여서, 시간에 쫓겨 생각할 겨를이 없다. 우왕좌왕하는 사이 게임도 종료된다. 나의 의지가 아닌, 외부 환경에 끌려다니는 삶이 되는 것이다. 이러한 이유로 아침마다 하는 시각화 훈련은 통제력을 길러주어 성공으로 이끌어준다.

여기에 더해 9년째 반복해오는 루틴이 있다. 어머니에게 안부 연락을 하는 것이다. 어머니도 아침 일찍 기상해 나의 메시지를 받으면, 곧장 답장을 보낸다. 그럼 그 자체만으로도 감사하다. 그 하루만큼은 가정에 신경 쓰지 않고, 내가 계획한 대로 살아갈 수 있으니까. 다음으로 내가 운영하는 미라클 모닝방에 좋은 글귀를 공유한다. 이는 다른 이의 인생에 선한 영향력을 끼친다는 책임감과 기쁨을 느끼게 한다.

성공하는 법은 단순하다. 매 순간 현명하고, 올바른 선택을 계속 쌓아 나가면 된다. 그러기 위해 하루의 시작을 최상의 상태로 세팅해라. 당신도 모르는 사이에 부자가 되어 있을 것이다.

부자는 안 보이는 미래를 믿고,

빈자는 보이는 현재도 안 믿는다.

부자는 확언으로 미래를 만들고,

빈자는 의심으로 현재를 날린다.

부자는 기록으로 미래를 준비하고,

빈자는 느낌으로 현재를 살아간다.

그렇게

부자는 계속 부자가 되어가고,

빈자는 계속 빈자가 되어간다.

8

최고를 찾아내는 성공자들

5년째 운영 중인 첫 번째 유튜브 채널〈영업의 모든 것〉을 통해, 본업인 현대홈쇼핑 GA 사업이 안정권에 접어들었다. 영상을 본 구독자들이 신뢰하고, 입사한 결과다. 하지만 콘텐츠 자체가 영업 관련 내용이다 보니, 주요 시청자가 영업인으로, 구독자 수가 1.8만 명에서 더 오르지 않고 있다.

언제부터인가 표본을 더 넓히고 싶은 욕심이 들었다. 내용도 좋고, 내공도 충분한데, 빛을 발휘하지 못하는 것 같아 아쉽다는 피드백도 자주 듣던 차였다. 더 큰 성과를 내려면, 전문 PD를 고용해, 퀄리티 높은 영상을 제작해야 한다는 걸 진즉에 알고 있었지만, 힘든 시기를 겪고 있을 때는 금전적으로도 부담스럽고, 실패에 대한 불안감도 있어, 시도할 엄두를 내지 못했다. 그랬던 나에게 돈이 전혀 문제가 되지 않자, 결이 맞고, 함께 비전을 꿈꿀 수 있는 열정적인 사람을 찾는 게 중요했다. 이에 나는 다른 유튜브 채널에 출연할 때마다 해당 채널 PD들에게 좋은 PD 있으면 소개해 달라고 부탁했다. 그 와중에 한 PD가 연락해보라며, 인스타그램 게시물에 나를 태그했다. 그 계정의 주인은 '허대리'였고, 이제 막 마케팅 회사를 오픈했다는 소식을 알리는 중이었다. 또 내가 우연히 본 〈N잡 하는 허대리〉 채널을 운영한 유튜버라는 사실도 알게 됐다. 그 즉시 그의 채널에 다시 방문해, 업로드해둔 영상을 하나둘 보기 시작했다. 우선 구독자 수 16만 명이라는 증명된 결과가 있었기에 신뢰가 갔고, 느낌도 좋아, 주저 없이 연락했다. 다행히 내가 출연한 채널의 영상을 본 상태라 나의 존재를 알고 있었고, 만남이 순조롭게 성사됐다.

우리의 첫 만남은 공용 오피스에서 이뤄졌다. 내가 누군가를 처음 만날 때 꼭 지켜보는 게 있는데, 먹을 것을 챙겨주는가 하는 부분이다. 물이 될 수도 있고, 차가 될 수도 있고, 주전부리가 될 수도 있다. 그것의 가격과 크기를 떠나, 상대방을 챙겨주려는 의지가 있는가를 확인하는 것이다. 참고로 나의 경험상 첫 만남에서 아무것도 챙겨주지 않고, 본론으로 들어가는 사람이 더 많았다. 다행히 허대리는 따뜻한 커피를 가져와 첫 번째 관문을 가뿐히 통과했다. 이어서 프레젠테이션이 시작됐다. 그동안 제안을 많이 해보기도, 들어도 봤기에 초반 5분만 들어도 대략적인 실력과 내공을 확인할 수 있었다. 그 과정에서 나와 성향이 정반대임을 알 수 있었다. 그 점이 가장 좋았다. 사람마다 가진 기운과 분위기가 있기 마련인데, 그에게서 차분함이 느껴졌다. 본디 성격이 급한 데다가, 사회적 가면을 쓰고 생활하다 보니, 텐션이 늘 최고조인 나와는 달리, 침착하고, 진정성 있는 모습에 끌렸다. 더욱이 16만 채널이라는 성공에 취해 안주하지 않고, 도전하면서 성장하려는 의지가 고스란히 전해졌다.

직업병이라면 직업병이랄까. 나는 누구를 만나든 고객이라고 생각하고 임한다. 물론 티를 내지 않고, 대화를 나누며, 내가 고객이라면 그에게 계약을 할 것인가를 고민해본다. 허대리와 1시간 동안 상담하며 내린 최종 결론은 함께하자는 것이었다. 애타게 찾던 첫사랑을 만난 느낌이었기에. 또 "생각은 깊게 하는 것이지, 길게 하는 게 아니다."가 내 인생의 지론이라, 마음을 정한 순간 나는 여지없이 그 자리에서 바로 손을 잡자고 했다. 내 사람이라고 생각하니, 괜히 밀당하며 기다리게 만들고 싶지 않아서였다. 그렇게 2022년 최고의 귀인을 만났다.

채널명을 고민하던 중 퀀텀점프로 하면 어떻겠냐는 제안을 했다. 어떤 일이 연속적으로 조금씩 발전하는 것이 아니라, 계단을 뛰어오르듯이 다음 단계로 간다는 의미였다. 단어는 생소하지만, 마치 급성장한 우리나라의 모습과도 같아 마음에 들었다. 그리하여 새로운 유튜브 채널에 〈김단장의 퀀텀점프〉라고 이름 붙였다. 말은 씨가 되니, 우리 채널도 퀀텀점프하기를 소망하면서.

실력과 욕심이 있는 둘이 만나니 시너지가 폭발했다. 타깃도 더 명확하게 정해, 숏 영상으로 공략했다. 그동안은 즉흥적으로 촬영한 후, 직접 편집해 올렸던지라 시간도, 에너지 소모도 컸다. 그러나 이제는 한 달에 한 번, 약속한 날짜에 만나서 촬영만 하면, 내 할 일은 끝난다. 그러고도 한 주에 4개의 영상이 올라가니, 훨씬 효율적인 시스템 속에서 움직이게 됐다고 볼 수 있다.

한편, 기존의 구독자와 SNS에 새 채널을 홍보했음에도 기대만큼 구독자 수가 늘지 않았다. 두 달이 지나도 1,000명이 되지 않아 조금씩 불안해졌지만, 6개월은 버텨보자 싶었다. 무슨 일이든 눈에 띄는 결과는 6개월의 반복이 이어졌을 때 나타났으니까. 그러던 어느 날, 아침에 눈을 떠보니 한 개의 쇼츠 영상 조회 수가 폭발하면서, 기존의 다른 영상 조회 수를 끌어가고 있었다. 화면을 새로 고침 할 때마다 구독자 수가 500명, 1,000명씩 늘었다. 소위 말하는 떡상을 체험했다. 유튜브를 시작하고, 5년 만에 경험해보는 짜릿함이었다. 그렇게 3개월 만에 구독자 수 1만 명을 달성하고, 현재는 8만 명 달성을 앞두고 있다.

상상할 수 없는 꿈을 꾸고 있다면, 상상할 수 없는 노력을 해라. 과거에는 하지 않았던 새로운 행동을 시도해야 한다. 나도 그동안 찾아 헤맨 최고의 PD를 통해 가보지 않은 길을 경험하고 있다. 구독자 수가 전처럼 빠르게 늘지 않아도 불안하지 않다. 반복해서 올리다 보면, 또 한 번의 퀀텀점프할 기회가 반드시 오리라는 확신이 있어서다. 더 나은 콘텐츠를 고민하며, 멈추지 않고 업데이트할 자신감도 충분하기에, 촬영 날이 소풍 가는 날처럼 즐겁고, 설렌다. 구독자 수 10만, 50만, 100만을 달성하기까지 10년이 걸릴지, 20년이 걸릴지는 모르지만, 살아 숨 쉬는 한 이 도전은 절대 멈추지 않을 것이다. 언제나 그래왔고, 내가 그동안 성공해온 최고의 방법이니까.

끝으로 지면을 빌려 허대리에게 이 말을 꼭 전하고 싶다.

"용환아, 고맙다. 지난 5년간 너를 만나려고 버텼나 보다. 든든한 실력자가 있어서 이제는 두려울 게 없다. 지금처럼 많은 사람에게 긍정의 에너지를 나누며, 삶의 성장을 돕는 자기 계발, 마인드셋 콘텐츠로 선한 영향력을 전달하자. 퀀텀점프 파이팅, 마케팅 쉐르파 허대리 파이팅!"

9

성공으로 이끄는 필수 마인드셋 4가지

모든 성공자에게는 흐트러진 마음을 잡아준 본인만의 장치가 있다. 나도 나를 마인드셋 해주는 4가지 철칙이 있는데, 다음과 같다.

첫째는 늘 30분 먼저 도착하는 것이다. 시간 약속을 잘 지킨다고 해서 성공하는 건 아니지만, 성공한 사람 대부분은 잘 지켰다. 유독 한국인에게만 나타나는 잘못된 병이 있는데, 바로 제일 늦게 나타나려고 하는 주인공 병이다. 이런 사고방식이 습관까지 되어버리면, 주인공은커녕 평생 조연으로만 살아야 한다.

쉽게 설명해보겠다. 다수가 모이는 자리가 있다고 하자. 그러면 약속 장소로부터 멀리 있는 사람이 일찍 오고, 가까이 있는 사람이 매번 지각한다. 상식적으로는 가까운 사람이 먼저 도착해야 하는데도 말이다. 원인은 약속을 대하는 마인드에 있다. 거리가 먼 사람은 치밀한 시간 계획으로 준비했을 테다. 반대로 가까이에 있는 사람은 거리가 가깝다는 생각에 긴장을 늦춰, 약속 시간에 임박해 부랴부랴 나섰을 것이다.

모든 일의 성패는 결국 마음가짐에 달렸다. 그러니 성공하고 싶다면, 무엇이든 연애 초기의 마음으로 임해라. 연애를 시작한 지 얼마 되지 않았는데, 이성을 기다리게 할 텐가? 먼저 가서 기다리면서 초조함과 설렘을 즐기길 바란다.

나는 강의 또는 미팅하러 갈 때, 무조건 1시간 전에 도착하는 것으로 계산해서 이동한다. 그러면 새로운 환경에 적응할 수 있는 장점이 있다. 그런데 이렇게 해도 예상하지 못한 우발 상황이 발생할 때가 많다. 그래도 여유 있게 서두른 덕에 늦은 적이 한번도 없다. 그뿐만 아니라, 나처럼 일찌감치 온 수강생과 친해져, 조금 더 편안하게 강의할 수 있다. 이는 허겁지겁 도착하는 사람에게는 절대 주어지지 않는 혜택이다. 더불어 비즈니스에서도 늦지 않는 모습은 신뢰로 이어지고, 좋은 평판으로 완성된다.

시간만큼은 유일하게 자신이 통제할 수 있다. 조금만 신경 쓰면 벌어지지 않을 불상사를 자초하지 마라. 약속 시간 30분 전 당신은 어디에 있는가? 시간에 쫓기는 삶을 살지 말고, 주체적으로 시간을 컨트롤 하는 삶을 살아라.

둘째는 작은 약속도 태산같이 여기는 것이다. 약속의 크기를 정할 순 없지만, 경험상 큰 약속보단 사소한 약속이 더 중요하다. 본인이 판단했을 때, 작은 일이라 생각해서 지키지 않은 일로 인해 상대방에게 큰 실망과 화를 안겨줄 수 있기 때문이다. 반면에 소소한 피드백일지라도 놓치지 않으면, 섬세한 사람으로 신뢰를 줄 수 있다.

나에게는 매일 전국에서 현대홈쇼핑 GA에 입사하고 싶다는 연락이 온다. 그러면 나는 기본적인 신상을 받은 뒤, 해당 지역의 지점장에게 연락해보라며 정보를 준다. 이때 반응은 두 부류로 나뉜다. 한 부류는 진행 상황을 먼저 알려주는 사람들이고, 나머지는 아무런 보고가 없는 사람들이다. 그런데 내가 성격이 급한지라 하루가 지나도 연락이 없으면, 어떻게 관리되고 있는지 알아보기 위해 다음날 바로 연락해본다. 한 번은 실수로 넘길 수 있지만, 두세 번 같은 행동이 반복되면, 불안감이 생기면서 신뢰에도 문제가 생긴다. 분명한 것은 일을 잘하거나, 성과를 증명해내는 이들은, 언제나 물어보기 전에 먼저 얘기해준다.

또 하나의 사례를 들자면, 강의할 때 떨어진 집중도를 끌어올리거나, 재미를 주기 위해 종종 이벤트를 한다. 정답을 맞히면, 커피 쿠폰과 같은 부담스럽지 않은 선물을 약속할 때가 있는데, 수업이 끝나면 반드시 당첨자의 연락처를 받아내 전달한다. 만약 주기로 하고 약속을 지키지 않는다면, 2시간 넘게 강조한 내용을 지키지 않는 사람이 되어버리는 꼴이 되므로. 이렇게 입 밖으로 내뱉은 자기 말에는 반드시 책임을 져라. 그것이 당신을 좋은 이미지로 만들어줄 것이다.

평판은 곧 돈이다. 신뢰를 얻기 위해서는 시간도 필요하지만, 신뢰는 모든 걸 얻게 하는 힘이 있다. 가벼운 평범한 일을 꼼꼼히 지켜 특별한 일을 맡게 되는 것처럼, 작고 사소한 피드백을 계속 쌓아, 믿음의 태산을 만들어라.

셋째는 인생은 기브 앤 테이크라는 사실을 잊지 않는 것이다. 아낌없이 먼저 준다고 해서 부자가 되는 건 아니지만, 수많은 부자는 받으려고 하기보다 먼저 주려고 한다. 사람이라면 기본적으로 자신이 받은 것에 대해 보답하려는 마음이 있다는 걸 알고 있어서다.

신입 때 나는 사람을 만나면, 상대방에게 무조건 드링크 뚜껑을 열어서 건넸다. 가격도 부담스럽지 않으니, 받는 입장에서도 거절할 이유가 없었다. 그렇게 작은 기브가 한 번, 두 번 거듭되면, 고마움과 함께 갚아야 한다는 미안한 감정이 생기는 게 느껴졌다.

연말에는 달력도 무료로 나눠줬다. 만약 그 사람의 생일을 알고 있다면, 해당 날짜를 체크해 "올해 생일은 수요일이네요."라는 한마디와 함께. 이렇게 조금씩 마음속 기브를 이어가다 보면, 나중에라도 상담하거나 지인들을 소개해주곤 했다.

이 외에도 나는 공인중개소에 방문할 때 빈손으로 가지 않았다. 보통 고객으로서 차를 대접받으며 상담하지만, 커피를 사 들고 가 내가 살아온 간략한 인생사와 함께 꿈을 이야기했다.

그러면 그 센스를 기특하게 봐서인지, 젊은 청년이 서울에 상경해 열심히 산다며, 다른 사람에겐 소개하지 않은 좋은 매물을 보여줬다.

내가 원하는 걸 얻기 위해선 상대의 마음부터 얻어야 한다. 그러려면 먼저 받으려 하지 말고, 아낌없이 줘야 한다. 준 만큼 그대로 되돌려 받으려고도 하지 말고, 기대도 하지 마라. 줄 때는 순순히 주는 것에 기쁨을 느끼며, 기분 좋게 줘라. 시간이 걸리더라도 언젠가는 그 이상으로 보답받을 것이다.

넷째는 자기관리는 필히 해야 한다는 것이다. 정보를 얻기 쉬운 시대를 넘어 인공지능이 정보를 창조해내는 시대다. 이런 환경에서 살아남기 위해선 나 스스로가 내·외적으로 가치가 있는 상품이 되어야 한다. 다시 말해, 눈에 보이는 부분이나, 내공에서도 인사이트를 줄 수 있는 대상이 돼야 한다는 뜻이다. 내가 사업단장이라는 본업 외에도 강사, 작가 등의 활동으로 김단장의 팬덤을 형성하고 있는 것도 같은 이유다. 이는 타인과 대체할 수 없는 퍼스널 브랜드가 되어주는데, 여기에 외모 가꾸기와 자기 계발은 기본이다.

내가 40대가 됐음에도 30대 같다는 소리를 듣게 된 데는 아내의 내조도 있었지만, 소식과 운동으로 관리하는 영향도 크다. 30대 초반만 하더라도 평균 체중이 79kg이었는데, 현재는 76kg을 유지하고 있다. 빵이나 탄수화물을 너무 좋아해 그것을 먹기 위해서 운동을 하지만, 강의나 중요한 일정이 있을 때는 이틀 전부터 단식하거나, 물조차 마시지 않기도 한다. 공복 상태에서 느껴지는 가벼움과 맑음이 좋은 기분을 갖게 하므로. 관리를 통해 다이어트를 계속 성공해야 하는 이유에 자기 확신이 강해진다는 부분도 한 몫 한다. 한마디로, 마음을 먹으면 언제든 해낼 수 있는 사람이라고 믿게 된다. 치열한 경쟁 사회에서 자신의 외모도 관리하지 못하면서 인생을 바꾸고 싶다고 말하지 마라. 세상을 바꾸는 기적은, 자신의 마음과 관리를 통해 외모를 바꾸는 것에서부터 시작된다.

또 나는 걷기운동을 하면서 수많은 생각을 하는데, 일단 몸을 움직이며, 신나는 노래를 듣는 것으로 기분을 좋게 만든다. 그런 다음 SNS에 올릴 게시물에 대한 생각을 본격적으로 시작한다. 활기찬 컨디션에서 글을 써 내려가니, 좋은 감정이 그대로 글에 표출된다. 그렇게 콘텐츠에 공유할 게시물의 글을 쌓아놓고, 하루 평균 5개 이상 올리고 있다. 유튜브 커뮤니티부터 페이스북, 인스타그램, 블로그, 카카오스토리까지 내가 운영하는 모든 채널에 업데이트한다. 오직 김형준의 상상력으로 만들어낸 독창적이고, 창조적인 아이디어로 사람들에게 정보를 나눈다.

이처럼 외모도 가꾸고, 생각도 키우는 일석이조의 루틴을 만들어라. 지금의 외모와 몸값은 매일 자기 계발하며, 나에게 투자한 시간의 결실이다. 24시간 중 40분만 투자하면, 당신의 인생도 바뀔 수 있다. 걷고, 움직이며, 생각해라. 이는 내가 하는 유일한 자기관리 비법이다.

작은 일을 놓치는 사람치고,

잘되는 사람을 본 적이 없다.

작은 일의 표본은 시간이다.

약속을 대하는 태도만 봐도,

10을 알고 예측할 수 있다.

시간 약속만 잘 지켜도,

이미 앞서가는 것이다.

약속 30분 전

당신은 어디에 있는가?

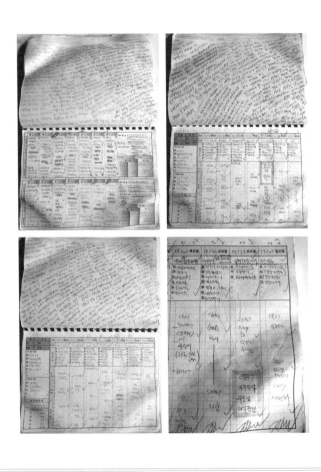

하루도 빠트리지 않고 기록한

스케줄러와 일기가

김형준을 증명하는 자산이 되다.

PART
4

퀀텀점프하고 싶은
당신이 기억해야 할
사실

1

다이어리를 써라

평범한 사람들은 자신과 친하지 않다. 평소에 내면을 들여다보지 않으니, 오랜만에 만난 사이처럼 어색하고 불편하다. 반대로 부자나 성공한 사람들은 매일 자주 자신과 대화한다. 그래서 그 누구보다 자신과 가장 가깝다. 우주에서 유일하게 본인 의지대로 바꿀 수 있는 건 부모님도, 배우자도, 자녀도 아니다. 오직 자기 자신뿐이다. 그러한 점에서 일기 쓰기는 나와 나를 연결해주는 고리인 동시에, 성장과 성공으로 이끌어주는 훌륭한 도구다.

누누이 말했지만, 나는 15년간 자필 일기를 하루도 거르지 않고 적어 오고 있다. 그 결과 다이어리와 일기에 적은 꿈을 현실로 만들었다. 신기하게도 적은 그대로 이루어졌다. 그러하기에 이제는 원하는 게 있으면, 일단 다이어리에 목표하는 날짜에 이미 달성했다고 생각하고 적고, 일기로 달성하겠다는 의지를 적는다. 이 루틴에 확신과 믿음이 있으니, 주변 사람에게 기록의 중요성을 강조하지만, 사람들은 일기를 과제로 느끼거나, 부담스러워하면서 실행으로 옮기지 않아 안타깝기만 하다.

일기를 적는 방법은 어렵지 않다. 그날, 그 순간의 감정을 솔직하게 적으면 된다. 나도 어떤 날은 "오늘 참 잘살았다."처럼 한 줄로 끝낼 때도 있다. 반대로 기분이 울적하고, 멘탈이 흔들릴 때는 한 장을 가득 채울 정도로 적는다. 솔직하게 감정을 꺼내 적다 보면, 마음이 한결 가벼워짐을 경험할 수 있다.

2019년은 두 번째 실패로 내 생애 가장 괴롭고, 힘든 시기였다. 그때도 어김없이 눈물을 흘리며 일기를 썼는데, 가끔 꺼내어 읽어본다. 그리고 그날의 나를 위로해준다. "얼마나 불안하고 힘들었니?" 하면서. 또 잘 버티고, 이겨내 줘서 고맙다고 덧붙인다. 모두 일기로 남겨두었기에 할 수 있는 말이다.

나는 보통 일기는 일과를 마치고 적는데, 아무도 없는 조용한 공간에서 온전히 나에게 집중할 수 있는 환경을 만드는 게 핵심이다. 나는 주로 차 안에서 많이 썼는데, 그렇게 된 계기가 있다. 영업을 시작한 첫 달이었다. 둘째 매형의 계약을 성사시키고, 차에 돌아와 팀장과 통화하면서 최소 10분을 통곡하며 울었다. 그러고는 "3W는 어머니의 목숨이다."라는 문장을 썼다. 그것이 발단이 되어, 15년 동안 일기 쓰기를 멈추지 않고 있다.

아무것도 기록하지 않으면, 아무것도 기록될 게 없는 인생이 된다. 기록해두지 않으면 느낌만 남는다. '그때 그랬었는데.' 하다가 '그때 그랬었나?'로 바뀐다. 기억은 가물가물해지고, 잊히기 마련이니까. 우리가 시간이 흘러도 과거를 똑똑히 기억할 수 있는 건, 각종 문헌과 자료가 남아있는 덕분이다. 부디 한번밖에 살지 않는 자신의 소중한 하루를 다이어리에 적고, 일기로 기분을 꼭 남겨라. 흥행한 영화에는 근사하게 연기한 연기자들이 있고, 그 바탕이 된 대본이 있다. 이런 의미를 담아서라도, 우주에서 하나밖에 없는 유일한 영화의 주인공으로서, 자신의 스토리를 감동스럽게 다이어리와 일기에 남기길 바란다.

이 책의 원고를 쓸 때, 아이러니하게도 설레기도 했지만, 가장 하기 싫은 리스트 중 하나이기도 했다. 부담을 없애려고, 하루에 원고 2개씩만 썼는데도 너무 하기가 싫었다. 왜냐하면 글을 쓰려면 생각해야 하기 때문이다. 15년간 일기를 써오며, 생각을 단련한 나도 그랬는데, 생전 글쓰기에 관심조차 없던 사람은 더욱 하기 싫을 거라 예상한다. 그럼, 이 비유를 떠올려봐라. 예능은 생각 없이도 볼 수 있지만, 예술은 생각해야만 볼 수 있다. 단 한번 사는 소중한 당신의 인생을 예능으로 살지 말고, 예술로 만들기를 바란다. 자신을 위한 생각을 하지 않으면, 다른 이의 생각을 위해 살아야 될 것이므로.

나는 왜 현재를 살지 못하고, 불행한 삶을 살고 있는 걸까? 자꾸만 과거에 집착하고, 미래가 불안해서다. 이로 인한 영향도 너무 크다. 나태해진 것은 기본이고, 체력도, 외모도 망가졌으며, 바닥을 친 자존감은 돌아오지를 않는다. 그렇다고 다시 일어서지 못할 거라고 생각하지는 않는다. 성공을 맛본 경험이 있고, 나를 믿으니까. 단지 시간이 조금 걸릴 뿐.

사실 급여가 들어오지 않으니 앞이 캄캄하다. 보험업을 10년 이상 해오면서 처음 겪는 상황이라 당황스럽기도 하고, 무얼 하더라도 내가 바르게 하고 있는 건지 의문도 든다. 일단 마인드 세팅부터 해보자. 나를 사랑하고, 존경하고, 아껴주는 마음이 생기려면, 체력이 바탕이 되어야 할 테니, 주 5회 운동부터 하자. 그리고 매일 일 마감하기, 강사에 도전하기, 매주 채용 미팅 5건 하기, 유튜브 1일 1 영상 올리기를 무슨 일이 있어도 지키자. 이것들을 해야 하는 이유를 분명히 해두는 게 좋을 테니, 더 세밀하게 정리해 보자.

우선 주 5회 운동은 외모를 변화시켜 무너진 자존감을 끌어올려 줄 것이다. 그러면 자연스레 나 자신을 사랑하는 마음이 생기리라 믿는다. 내가 나를 사랑해야 타인도 사랑할 수 있게 된다. 이 에너지는 사람을 끌어당겨 업무에도 긍정적인 영향을 끼칠 테다.

다음으로 매일 일 마감은 순간에 집중하기 위함이다. 과거는 바꿀 수 없지만, 미래는 바꿀 수 있다. 그러려면 하루하루의 삶에 몰입해야 한다. 미래의 운명은 현재에 달려 있으므로. 그러니 빠짐없이 스케줄러를 점검하며, 일 마감하자.

강사가 되고자 하는 목적은 명확하다. 이는 직접적으로 수입을 올려주는 수단이 되기도 하고, 내가 자신 있는 분야가 글쓰기와 말하기이니, 강사가 되어 강의를 하고, 꾸준히 SNS를 관리하다 보면 반드시 좋은 이벤트가 발생할 것이다. 지금부터 제안서를 작성해 발로 뛰어, 강사로 활동할 발판을 마련해 보자.

채용 미팅은 빠트릴 수 없다. 영업은 회사를 옮긴다고 해서 마땅한 해결책이 나오는 영역이 아니기 때문이다. 결국 리쿠르트가 답인 곳이다. 솔직히 노력 대비 눈에 띄는 성과가 나지 않아서 스트레스를 받기도 하지만, 힘닿는 만큼 해보려 한다. 그래야 후회도 없을 테니. 기한은 딱 올해 하반기까지가 적당할 듯하다. 장교 후배들이 입사한 후에도 길이 보이지 않으면, 그때 다른 방안을 고민하자.

여기에 더해 페이스북과 유튜브에 정성을 들이고자 한다. 나는 페이스북으로 인생 역전을 맛보았다. 그 기억을 되살려, 유튜브를 잘 운영해보자. 기대했던 만큼의 결과물이 나오지 않아 기분도 상하고, 의욕이 떨어지기는 했지만, 구독자도 꾸준히 늘고, 영상을 보고 연락 해오는 사람도 있으니, 손 놓으면 안 될 것 같다.

내 나이 어느덧 36살이다. 지난 10년 동안 앞만 보고 달려왔다. 그 사이 미련이 남았던 적도 있지만, '내가 누려도 될까?' 하는 생각이 들 정도로 가슴 벅찬 날이 많았다. 그만큼 후회 없이 살아낸 멋진 인생이었다.

부모님에게 1억의 용돈을 드린 것도, 책 출간을 한 것도 모두 나, 김형준이 이뤄낸 결실 아닌가. 지난 10년을 이렇게 살아왔기에 다가올 10년도 충분히 멋진 인생을 디자인해 나갈 수 있다고 확신한다.

현실 점검을 하고 나니, 나에게 해줄 말이 생겼다. "형준아, 넌 우주의 주인공이야. 그러니 조연들과 절대 비교하지 마. 조연은 아무리 애써도 조연이니까. 단, 겸손할 줄 아는 주연이 되자. 그렇지 않으면 똑같은 실수를 반복하게 될 거야. 또 그 누가 뭐라 해도 잘살아왔으니, 스트레스 그만 받자. 네가 판단해도 능력에 비해 많은 걸 경험했고, 얻었잖아? 하고 싶은 것, 갖고 싶은 것 다 가져보기도 했고 말이야. 그게 당연하지 않다는 걸 잘 알 테니, 감사하고, 감사하자."

지금과 같은 시간을 처음으로 가져보는데, 훗날 이 글을 보면서 "그땐 그랬지?"하면서 웃게 되지 않을까? 아니, 반드시 그날이 올 것이다. 나도 모르는 사이 눈덩이처럼 불어난 온갖 부정적인 생각으로 삶이 피폐해지고, 하루하루를 견딜 수 없어 펜을 들긴 했지만 말이다.

이미 방향은 정해졌다. 매사에 최선을 다하기. 그러므로 이제부터 미래를 걱정하기보다는 계획한 대로 실천하자. 이것이야말로 김형준다운 삶을 살게 해줄 것이다. 자존감, 외모, 강의력, 연봉, 인성 등 모든 면에서 최고가 되기 위해 노력했고, 인정받은 나이기에 어려운 일도 아니다.

2019년 6월 3일, 36세 김형준은 새롭게 태어났다. 특히 내가 누누이 강조하는 10년 뒤, 45세에 진정으로 웃고 있으려면, 점차 성숙해져야

한다. 단언컨대 오늘 쓴 일기가 그렇게 만들어 주리라 자신한다. 왜냐
하면 말하는 대로, 기록한 대로 이루어지는 기적을 여러 차례 체험했
으므로. 이렇게 머리로는 알고 있으면서 한동안 실행으로 옮기지 못
했다. 하지만 괜찮다. 다시 시작하면 되니까. 더욱이 나는 젊고, 부모
님도 건강하시다. 이는 내가 신경 쓸 일이 없다는 뜻과도 같아 감사
할 따름이다.

지점의 상황이 좋지 않아도, 이 상태가 영원하지도 않을 것이고, 문제
해결에 몰입하다 보면 나아질 테니, 불안해할 필요가 없다. 미리 대책
을 마련하지 못해 아쉽기도 하지만, 실패라고 치부하기보다 값진 경험
을 했다고 받아들이려고 한다. 더불어 앞으로 동일한 오류를 범하지
않으면 된다. 이로써 나는 45세에 100억 자산가가 되어 있을 것이다.
두 번째 책도 반드시 낼 것이다. 첫 책도 출간했는데, 두 번을 못할까.

구구절절 넋두리를 늘어놓았지만, 나를 괴롭히는 생각을 정리하니 한
결 마음이 가벼워졌다. 강의할 때마다 자필 일기를 쓰라고 강조했는
데, 새삼 그 효과를 느낀다. 꽤 오랜만에 나에게 말을 걸어 대화했더
니, 긍정의 에너지가 흘러들어오는 듯하다. 지금의 감정을 잘 유지해
나를 멋지게 가꾸고, 사랑하자. 내가 나를 사랑하게 되면 모든 게 잘
될 수밖에 없다.

오랜만에 눈물이 흐르지만 기쁘다. 늘 울고 나면 도약이 찾아왔으니
까. 한번 더 새로운 출발을 선언한다. 그리고 사랑 고백도 해본다. "우
주에서 가장 멋지게 살아왔고, 살아갈 세상의 중심인 너를 사랑한다.
나는 내가 좋다. 내가 김형준이다. 아자!"

2

어떤 경우에든 솔직하라

신입일 때 상품에 대한 정보나 지식이 부족한 건 어쩔 수 없다. 나도 100% 마스터 한다는 건 현실적으로 불가능함을 알고, 중요한 특징만 외워서 상담에 임했다. 그러다 보면 가끔 예측하지 못한 질문에 당황하기도 했다. 이때 두 가지 상황이 발생한다. 모르지만 아는 것처럼 거짓 정보를 알려줘 순간을 모면하거나, 모르는 걸 감추지 않고 솔직하게 말하는 것이다. 대부분은 풋내기로 보이고 싶지 않아 전자의 태도를 취하지만, 나는 언제나 후자를 선택했다. 왜냐하면 당장은 해결된 듯하지만, 시간이 지나 더 큰 문제가 될 수 있어서다.

성공하고 싶다면 솔직해져야 한다. 그러니 모르는 것을 부끄러워하지 말고, "죄송합니다만, 정확한 내용을 모르겠습니다. 대신 오늘 몇 시까지 확인해서 다시 연락드리겠습니다."라고 말해라. 그게 훨씬 현명하다. 더욱이 사람들은 너무 똑똑한 사람을 별로 좋아하지 않는다. 아는 체하고, 잘난 척하며, 본인만 아는 어려운 단어를 쓰면 더 비호감이다. 조금은 허술하고, 부족해 보이지만, 진정성을 보여주는 사람에게 편안함과 신뢰를 느낀다.

판매하려는 상품의 장점만 강조하는 것도 바람직하지 않다. 누구나 자신의 회사가 최고이고, 자기네 상품이 제일 좋다고 말하기 때문이다. '안 좋은 회사, 필요 없는 상품은 없는 건가?' 싶을 정도다. 그러므로 판매자가 아닌 고객의 입장에서 생각해서 안내해야 한다. 부족한 점에 대해 솔직하게 공개하는 건 리스크가 아니라, 믿음을 쌓는 행동이다. 가령, "제가 고객이라면, 이 부분은 솔직히 아쉽습니다. 대신 이러이러한 장점이 있어서 구매해야 할 이유는 충분합니다."라고 말하는 것이다. 단점 1개를 먼저 밝히고, 장점 3개를 소개하면, 긍정적인 결실을 볼 것이다.

이와 관련해 내가 지점장으로 있을 때 실제 있었던 일을 소개해본다. 한번은 건강식품 판매자가 찾아와, 지점원들 앞에서 상품을 소개하는 프레젠테이션 기회를 달라고 했다. 지인의 소개로 온 것도 아니고, 일면식도 없는 사람이라 신뢰가 없었다. 외모나 복장도 그리 호감형이 아니어서 거절했다. 그런데 그 이후, 한창 예민하고, 바쁠 때 또 찾아왔다. 나는 도저히 안 되겠다 싶어서 정곡을 찌르는 한마디를 건넸다. "팀장님은 이거 드시나요? 혹시 드신다면, 얼마 동안 드셨고, 제품의 장단점을 말씀해주실 수 있나요?" 갑작스러운 나의 질문에 입으로는 먹고 있다고 말하지만, 눈치 빠른 내게 떨리는 동공이 감지됐다. 이때다 싶어 연달아 "아니, 팀장님도 안 드시는 걸 왜 저와 저희 직원들에게 먹으라고 하시는 거죠?"라고 쏘아붙였다. 예상대로 그는 더 이상 찾아오지 않았다.

피플 비즈니스에서 중요한 건 신뢰다. 본인이 판매하거나 소개하고 싶은 게 있다면, 무조건 먼저 경험하고, 느낀 다음 믿을 수 있는 근거를 제시해야 한다. 나는 보험 영업을 시작하면서, 첫 고객을 나 자신으로 선정했다. 앞으로 판매할 회사의 보험 상품에 가입한 거다. 또 새로운 상품이 출시되면, 가입하기도 했다. 그리고 나의 보험증권을 클로징할 때 고객에게 보여줬다. "고객님, 저는 절대로 제가 먹지 않는 음식을 고객님께 드시라고 권유하지 않습니다. 오늘 제안해 드린 상품을 가입한 제 증권입니다. 같은 목적으로 가입했고, 제 부모님도 가입시켜드렸습니다."라는 말과 함께. 그것을 보고 믿지 않는 고객은 없었다.

설득에 필요한 조건은 여러 가지가 있겠지만, 그중에서 단연 중요한 건 확신이다. 이에 나는 어떻게 하면 소개로 만난 사람들에게 신뢰를 더 줄 수 있을까를 연구했고, 그 끝에 부모님까지 내세우게 됐다. 스케줄러의 첫 번째 페이지에 가족사진을 붙이고, 부모님 사진 앞에 주민등록번호도 적었다. 그리고 미팅에 적극 활용했다. "이 숫자는 부모님의 주민등록번호입니다. 지금부터 말씀드리는 모든 내용은 부모님과 저를 걸고, 사실만을 전달하겠습니다. 또 제가 영업을 하면서 매일 하루를 어떻게 살아오고 있는지, 제 고객이 되면 어떻게 관리를 해드릴 것인지 믿을 수 있는 자료를 보여드리겠습니다."라면서 다이어리를 펼쳤다. 남녀노소를 불문하고 6개월 치부터는 놀라움과 감동을 감추지 못했다. 그때마다 꾸준함은 탁월함과 특별함을 능가하는 귀한 능력임을 실감했다.

자신이라는 상품을 판매하고, 협상과 설득에서 승리하고 싶다면, 상품에만 매몰되지 말고, 왜 나여야 하는지 어필해야 한다. 요즘의 고객들은 더 이상 바보가 아니다. 정보가 넘쳐나고, 빠르고 쉽게 얻을 수 있어, 판매자보다 더 똑똑하다. 그로 인해 끊임없이 Why를 고민하지 않는다면, 절대로 살아남을 수 없다.

상대의 마음과 원하는 성과를 내는 세일즈를 하고 싶은가. 가장 기본인 성실함을 바탕으로 진정성으로 다가가라. 사람들도 안다. 겉핥기식으로 척하는 사람인지, 아니면 진짜인지.

3

우상향하는 인생을 살아라

보험 영업을 선택하고, 처음 한 상담을 아직도 잊을 수 없다. 연락이 끊어진 지 오래된 친했던 대학교 학과 선배 2명과의 미팅이었다. 서로의 만남에 대한 목적이 달랐기에 어색함과 긴장감이 흘렀다. 솔직히 2:1 미팅이라 약속이 잡힌 순간부터 부담스러웠지만, 간절했기에 선택의 여지는 없었다. 그러나 상담을 시작한 지 30분 만에 "이러려고 만나자고 한 거냐?"라는 한 선배의 말에, 먹다가 치운 스파게티의 수분이 메말라 빳빳해진 것처럼 내 수명도 줄어드는 것 같았다. 참기 힘든 적막과 침 삼키는 소리만 들리고, 선배들의 눈치를 보며, 청약서 위에서 방황하는 손만 안타까웠다. 그렇게 세일즈맨으로서의 첫 경험은 다시는 느끼고 싶지 않은 처참한 실패였다.

그날 영업이라는 게 만만치 않음을 절실히 깨달은 나는, 배운 대로 정석에 따라 진지하게 임해야겠다고 다짐했다. 이에 고객이 실제 있는 것처럼 상담하는 모습을 촬영하여, 나에게 계약을 왜 해야 하는지 제3자의 입장에서 냉철하게 분석하고, 동료들에게도 부탁해 피드백을 받았다. 약속을 잡기 위한 통화 실력도 체크했다. 지금은 만나기 전에도 외모나 정보를 확인할 수 있지만, 당시만 해도 사전에 정보를 알 수 없어서, 전화상으로 매력을 어필해야 했다. 그리하여 스스로 만족할 때까지 녹음해 가며 목소리를 다듬었다. 그뿐만 아니라 중요한 부분은 악센트를 표시해놓고, 나이대별로 아이스 브레이킹 멘트를 준비하는 등 스크립트도 나만의 스타일로 바꾸었다. 더불어 상대의 거절에 자연스럽게 응대하기 위해 반박 매뉴얼도 만들었다. 그 결과, 약속 잡기는 물론 계약 확률도 올라갔다.

나는 항상 상담을 마치면, 계약 여부와 상관없이 그날 상담에 대한 평가설문지를 꼭 받아왔다. 계약을 했다면 왜 한 건지, 안 했다면 진짜 하지 않은 이유를 무조건 적게 했다. 처음부터 완벽할 수 없고, 성장하려면 변화하고자 하는 노력이 필요하다는 생각에서 한 실천이었다. 이때 중요한 건 고객의 지적에 기분 나빠하지 않고, 겸허히 받아들이는 수용의 자세다. 자존심 때문에 받아들이지 않으면, 여전히 같은 실력으로 실수를 반복하며, 제자리걸음에서 벗어나지 못한다.

그렇게 차츰차츰 실력을 향상했더니, 모든 면에서 확률이 올라갔다. 마지막으로 집중해야 할 부분은 일하는 시간이었다. 영업인에게 일이란 출근과 퇴근이 아니다. 현장에서 하는 상담 미팅이 진짜 일이다. 그러므로 월급을 높이려면, 하루 24시간은 누구에게나 동일하니, 자는 시간을 제외하고, 눈이 떠 있는 동안 최대한 많은 사람을 만나 상담해야 한다. 이에 나는 한국 사람이 밥정에 약하다는 점을 활용해, 아침을 제외한 점심부터 약속을 잡고, 현장으로 나갔다. 거기에 '10/10/5 법칙'을 적용해, 오전 10시가 되면 무조건 사무실에서 나가, 밤 10시가 되기 전까지 5명을 만나지 않으면, 퇴근하지 않았다. 그런 내게 달력의 검은색과 빨간색은 의미가 없었다. 365일 전부 일하는 날이었다. 명백히 사업이지만, 노동 소득이기에 일하지 않으면, 다음 달 소득은 없었으니까.

내가 부자가 될 수밖에 없었던 것은 지금까지도 매일을 12월

31일처럼 사는 덕분이다. 제발 매년 마지막 날에 하루의 의미를 부여하지 말고, 하루하루를 생산적으로 집중하며 살자. 작심삼일 해도 된다. 매일 작심하면 되니까. 대신 멈추지만 말자. 이처럼 실력을 다지고, 일하는 시간을 늘렸더니, 연차가 쌓일수록 계약 사이즈가 커졌고, 기존 고객의 소개가 많아지면서 1일 1명 상담에도 소득은 기존보다 눈에 띄게 상승했다.

고객을 만나러 갈 때 잊지 않고 챙겨간 것이 있다. 바로 자필 편지다. 지인이든, 소개를 받은 사람이든, 누구 할 것 없이 다음과 같은 내용의 편지를 써 가, 상담을 마치고 건넸다. "지금 이 편지를 읽을 때쯤이면 저의 고객님이 되어 있거나, 아닐 수도 있겠지만, 오늘 제가 상담해드린 내용은 반드시 인생에서 필요한 내용이라서 강력하게 제안해드린 겁니다. 혹여 저에게 가입을 안 하더라도 꼭 준비하시길 바라고, 언제라도 좋으니 마음이 바뀐다면 제게 연락주세요. ○○○ 님을 꼭 저의 고객님으로 모시고 싶습니다." 그러면 계약을 하지 않은 사람 10명 중 3명은 나중에라도 계약을 했다. 편지에 담긴 진심을 알아준 것이다. 만약 자필로 편지를 쓰는 게 귀찮다는 이유로 쓰지 않았더라면, 이 확률은 기대조차 못 했을 것이고, 기회도 없었을 것이다.

이렇듯 최종 목표를 달성하려면, 모든 과정에서 자신이 할 수 있는 최대의 노력을 해야 한다. 편지를 써서 준다고 무조건 계약하는 건 아니지만, 확률을 높일 수 있다면 해봐야 한다. 우리의 인생도 진심으로 최선을 다해야, 실패하더라도 나중에 후회가 남지 않는다.

인생의 최종 목적은 성숙이다. 이런 삶에 성장통은 필수 불가결한 조건이다. 시도했을 때 안 되더라도 포기하지 않고, 수정하고, 보완해서 다시 도전해야 한다. 계속 반복하자. 실패의 확률을 당연하게 받아들이고, 냉철하게 스스로를 돌아보자. 내가 두 번의 실패를 했음에도 재기할 수 있었던 건, 그럼에도 불구하고 계속 반복하는 걸 멈추지 않아서다.

나의 첫 시작은 결핍에서 출발했다. 돈은 최고의 동기 부여이자, 세일즈를 선택한 이유였다. 두 번째는 복수심이었다. 거기에는 부정적인 의미보다는, 사람들의 거절을 실력 향상으로 승화한다는 마음이 더 컸다. 현재는 책임감이다. 사랑하는 사람들에게 원하는 걸 해주고, 스트레스받지 않고, 불안하지 않게 해주는 것. 결핍, 복수심, 책임감. 이 세 가지의 강력한 동기 부여로 숱한 과정을 겪으며, 현재의 김형준을 만들었다. 그러하기에 나는 이 경험을 발판 삼아 계속 전진할 것이다. 10년이 지나 50대가 됐을 때, 지금보다 더 성숙한 나를 만나기 위해. 그것이야말로 단 한번 사는 소중한 내 인생을 빛나게 하는 방법이라 믿는다.

내가 부자가 된 이유는

매일을 12월 31일로 산 덕분이다.

가장 생산적이고, 효율적으로

나에게 집중했다.

끊임없이 고민하고, 되뇌고,

생각하고, 바로 실천했다

제발 매년 마지막 날에만

의미를 부여하고, 작심하지 말자.

365일, 매일을 마지막 날로 살자.

4

실패에서 기회를 엿봐라

진짜 악과 가짜 악을 구별해라. 말로만 힘들다, 절박하다, 도와달라고 말하지 마라. 당신이 제대로 독기를 품고 살고 있다면, 주변인들이 도와줄 것이다. 진짜 악에서는 그 진심이 느껴질 테니. 멘탈이라는 단어 자체도 쓰지 마라. 그럼 멘탈이 들어올 일도, 나갈 일도 없다.

인생은 확률 게임이라는 걸 명심해라. 당신이 겪은 수많은 억울하고, 짜증 나고, 상식적으로 이해가 안 되는 사건은 충분히 일어날 수 있는 일이다. 그리고 지금이라도 겪어서 그나마 다행이라고 생각해라. 그 분야에서 성공한 사람들은 이미 다 경험하고, 지나간 과정이므로. 그러니 안도해라. 올바른 방향으로 가고 있는 것이다. 설령 계획한 대로 안 되고, 포기하고 싶을 때가 오더라도 마음속에 새기자. '당연한 과정이니 즐기자. 나는 오르막길을 가고 있다.'고.

이제는 SNS 시대이니 개인 브랜딩만 잘하면 상담을 요청받을 수도 있지만, 과거엔 선택지가 2가지뿐이었다. 모르는 사람들을 상대로 개척하는 '돌방 영업'과 지인부터 시작해서 소개로 이어지는 '소개 영업'. 개인적으로 나는 돌방은 하고 싶지 않아, 어쩔 수 없이 지인 영업부터 시작해 소개를 유도했다. 또 계약하는 것보다 더 중요하다고 배운 게 소개를 받는 것이기도 했다. 그래서 상담 후에는 계약의 성사와 관계없이 무조건 소개를 받았다. 이번 달에 아무리 실적이 좋더라도 만날 사람이 끊겨버리면, 다음 달은 손가락을 빨아야 하는 상황이 되는 것이 보험 영업이었으니까.

그러나 소개 영업도 확률이었다. 10명을 소개받아 전화하면, 평균 2명이 미팅을 수락했다. 나머지는 부담스러워하며 거절하거나, 전화를 받지 않았다. 그나마 만나기로 약속했던 사람들도 당일에 취소하는 경우가 다반사였다. 그럼에도 생존을 위해 꾸준히 이어 나갔다. 서울에서 광주, 부산, 대전, 포항까지 직접 내려가 상담하고 소개받은 사람들을 당장 만날 수 없다고 해서 내팽개칠 수는 없었다. 그중에 내 인생을 바꿔줄 귀인이 있을 수도 있으니 말이다. 내게는 한 명 한 명이 너무 소중하고, 간절했다. 물론 처음에는 약속이 잡히지 않으면 멘탈이 흔들려 힘들었지만, 당연하게 받아들이기로 마음을 고쳐먹었더니, 여유가 생겼다. '좋아, 이분들에게 정성을 들여서 3년 안에 반드시 고객으로 만들자.'라면서.

그리하여 나는 효율적인 시스템을 구축하기 위해 단기, 중기, 장기로 나눠서 소개받은 고객을 관리하기 시작했다. 단기는 이번 달에 상담해야 할 사람들, 중기는 다음 달부터 3개월간 상담할 사람들, 장기는 4개월 이후에 상담할 사람들로 분류했다. 그렇게 정리하고 보니, 확률상 10명 중 한두 명은 단기로, 나머지는 중기나 장기 리스트로 옮겨졌다. 그 목록을 바탕으로 단기 리스트의 사람들은 그달에 만나기 위해 전화했고, 중기는 3주 주기로, 장기는 6주 주기로 전화가 아닌 안부 메시지를 보냈다. 단, 단체 문자가 아닌 오직 그 사람만을 위한 문자를 보냈다. "안녕하세요. 몇 월 며칠에 ○○○ 님 소개로 연락드렸던 김형준입니다. 청주를 지나가다 생각나서 안부 차 연락드립니다. 날씨가 쌀쌀한데 감기 조심하시고, 남은 하루도 행복하세요."라고. 당연히 답장은 오지 않았다. 기대도 안했다. 3년 안에만 고객으로 만들자는 마음의 다짐이 있어서였다. 그 와중에도 소개를 계속 받았기에 시간이 지날수록 중·장기 리스트에 명단이 점점 쌓여갔다. 그렇게 6개월이 지났을까. 중·장기의 대상자로부터 반응이 오기 시작했다. "늘 잊지 않고 연락 주셔서 감사합니다. 안 그래도 이번에 보험 관련해서 상담받고 싶은 일이 있는데, 통화 가능하실까요?"라면서 말이다. 그동안 꾸준히 정기적으로 안부 연락을 한 노력을 보상받는 듯했다. 믿음과 신뢰가 쌓이는 데는 최소 6개월 이상의 반복적인 연락이 필요하다는 사실도 확인했다. 시간이 지날수록 연락 해 오는 사람이 늘어났고, 고객으로도 만들 수 있었다. 참고로 내 영업의 마지막 고객은 무려 2년 3개월간 메시지로 연락했던 분이다.

꾸준함은 누구에게라도 신뢰를 줄 수 있는 최고의 무기다. 2023년 5월에 계약을 하지 않았더라도, 포기하지 않고 정성을 들이면, 2년, 5년, 10년 뒤에라도 고객으로 만들 수 있다. 나는 이런 방식으로 3년 동안 영업하면서 중기와 장기에 쌓인 가망 고객 수만 350명이 넘었고, 258명의 고객과 10명의 키맨을 합쳐 총 600명이 넘는 리스트를 완성할 수 있었다. 이 수치는 평생을 영업할 수 있는 압도적인 수치다.

　당장 약속이 잡히지 않았다고 해서 포기하고, 이후에 연락하지 않았다면, 이런 결과를 낼 수 없었다. 그러므로 실패를 실패에서 끝내지 말고, 성공할 수 있는 시스템을 만들자. 어떤 일이든 만족스럽지 않다고 쉽게 포기하지 마라. 시간과 정성과 행운이 만나게 되면, 나중에라도 보상받는다. 이런 과정을 즐기면서 묵묵히 가자. 기회는 언제나 실패와 위기 속에 숨어있고, 준비된 자에겐 역전의 행운이 꼭 찾아온다.

5

결국 행동하는 자가 모든 걸 얻는다

세일즈라는 직업 덕분에 다양한 사람을 만나다 보니, 여러 분야의 성공자를 만날 기회가 많았다. 그 와중에 개인 사업 또는 자영업에서 성공한 사람들의 공통점을 발견할 수 있었다. 바로 그들의 성장 과정에 반드시 귀인이 있었다는 사실이다. 나도 영업을 하는 동안 총 3명의 귀인을 만났는데, 그 첫 번째 사례를 소개해본다.

영업을 시작한 지 4개월 차에 접어든 때다. 그날은 일요일이었고, 그 주에 한 건의 계약도 체결하지 못한 상태였다. 불안하고, 조급한 마음으로 반드시 3건의 계약을 체결하겠다는 다짐으로 이른 아침부터 지방으로 향했다. 약속 장소에 도착한 지 3시간이 흘렀을 무렵, 찜찜했던 예감은 현실이 됐다. 만나기로 한 사람이 나타나지 않은 것이다. 유일하게 믿고 있던 상담 약속이 깨진 걸 확인한 순간, 심장이 터질 것 같았다. 악착같이 달성해온 3W 연속 16주 기록이 깨지기 직전이라, 눈앞이 캄캄해져 왔다. 급히 만날 사람을 찾아보았으나, 대부분 전화를 받지 않았다. 하는 수 없이 서울로 발길을 돌렸다. 그러다가 도저히 안 되겠다 싶었던 나는 차를 갓길에 정차했다. 시간은 21시, 위치는 경기도 양평의 불빛 하나 없는 시골의 외딴 장소였다. 나는 마음을 차분히 가라앉히고, 영업 자료로 활용하는 맵북을 꺼냈다. 평소 맵북에 지역별로 고객과 가망 고객을 꼼꼼히 정리해두어, 그것을 참고하기 위함이었다.

양평에는 정확히 3명이 있었다. 한 명은 이미 고객이었고, 또 다른 한 명은 연락이 닿지 않는 사람, 마지막 한 명은 군 생활을 함께한 선배였다. 그러나 그와는 친하지 않아서 보험을 한다고 유일하게 알리지 않은 데다가, 전역 후에도 연락 한번 하지 않은 사이였다. 순간 '전화를 해야 하나 말아야 하나.', '어차피 전화해 봤자 안 받겠지?', '내 연락처는 차단했을 거야.'라는 혼자만의 꼬리에 꼬리를 무는 생각에 머리가 복잡해졌다. 그렇게 20분간 고민 끝에 이왕 양평에 왔으니 목소리나 듣고 가자는 마음으로 전화를 걸었다. 그리고 이는 내 인생을 바꾼 운명적인 행동이 되어주었다.

통화 연결음이 귓가에 울렸고, 속으로 제발 전화 받지 말기를 바라고, 또 바랐다. 하지만 수화기 너머로 '찰칵' 소리가 들렸다. 그와 동시에 나는 "충성! 선배님, 김형준입니다. 그동안 잘 지내셨습니까?"라고 외쳤다. 민망함과 어색함을 감추기 위해 일부러 더 우렁차게 말했다. 그런데 이게 웬걸. 선배의 첫마디에 어안이 벙벙할 수밖에 없었다. 왜냐하면 내가 영업과 관련한 아무 말도 하지 않았음에도 "시간 될 때 찾아와. 보험 하나 들어줄게."라고 했기에. 5초의 적막이 흘렀다. 그도 잠시, 지푸라기라도 잡아야 했던 나는 나도 모르게 "선배님, 사실 저 양평인데, 혹시 지금 찾아가도 되겠습니까?"라고 내뱉어버렸다. 무슨 용기였는지는 모르겠지만, 다행히 그는 야간 근무 중이라며, 오라고 했다. 그렇게 계획에도 없던 약속이 잡혔다.

전역 후 처음 보는 만남에 두려움 반 걱정 반으로 찾아갔는데, 예상과는 다르게 어색하지 않았다. 마치 친했던 사람처럼 반가웠다. 인생은 타이밍이라고 했던가. 그는 다른 사람을 통해 내가 보험 영업을 한다는 걸 이미 알고 있었고, 몇 달 전에 진급하면서 생긴 여윳돈을 저축하려고 마음먹고 있었다고 했다. 그 찰나에 기가 막히게 내가 연락한 것이다. 그리하여 그 선배에게 3건의 청약을 하게 되면서 3W를 연속으로 이어갈 수 있었고, 무엇보다 함께 일하는 동료도 소개받아 그 이후 양평에서만 2달 동안 3W 실적이 나왔다. 궁극적으로 그 선배가 3W 50주를 달성하게 해준 첫 번째 귀인이 된 셈이다. 너무나 신기하게도 3명의 귀인을 모두 일요일에 만났다. 월요일부터 일요일까지 목표를 달성하기 위해 잠자는 시간을 제외하고, 24시간 몰입하다 보니, 일요일에 겨우 만나게 된 것이다.

다시 본론으로 돌아와 만일 그때 3건 계약이라는 목표가 없었더라면 무엇을 하고 있었을까? 맵북에 선배의 이름을 적어 놓지 않았더라면? 선배를 발견했더라도, 불편하다는 이유로 거절할 것이라고 스스로 판단해 통화 버튼을 누르지 않았더라면? 선배를 만나고도, 자신 있게 계약하자고 클로징하지 않았더라면? 계약 후, 소개 요청을 하지 않았더라면? 전부 생각에만 머무르지 않고, 행동으로 옮겼기에 가능했던 성과라고 확신한다.

평범한 사람들은 도전하기 전에 불안감에 시도조차 안 하고,

고민만 하다가 포기한다. 분명한 것은 현장에서는 어떤 일이 벌어질지 아무도 모른다. 예상한 것과는 전혀 다른 일이 시시각각 벌어진다. 그러니 생각만 하지 말고, 일단 저질러 보자. 이후에 벌어질 일에 대한 고민은 나중에 해도 된다. 명심해라. 귀인은 언제나 그 자리에 있다. 당신이 만나지 못하는 이유는 연락하지 않고, 찾아가지 않기 때문이다. 당신의 귀인을 행동하는 다른 이들에게 뺏기지 마라. 고민만 하는 당신에게 남는 건 하나밖에 없다. 행동한 자들의 성공이 그것이다.

쟁취하는 사람들의 출신 고등학교는 찌르고, 대학교는 들이대이다. 찌르고 들이대자. 무작정 전화하고, 무작정 찾아가고, 무작정 들이대고, 무작정 제안해라. 자꾸 작정하려 들면 시작할 수 없다. 작정만 할 바에야 차라리 무작정이 낫다. 밥보다 목표가 더 중요해야 하며, 잠보다 목표가 더 중요해야 한다. 목표 달성을 못했다면, 밥도 먹지 말고, 잠도 자지 마라. 못한 게 아니라, 안 했으면서 어떻게 그렇게 먹고 잘 여유가 있는지 모르겠다. 말로만 성공하고 싶다, 1,000만 원 벌고 싶다고 하지 마라. 꿈속에 살지 마라. 이제는 눈 뜨고 승부를 걸어야 한다.

당신에게는 인생을 선택할 자유의지가 있다. 생각은 행동으로만 완성된다. 생각의 늪에서 실행의 초원으로 나와라. 수백억을 받는 축구선수들은 감독의 선택을 받지 못하면 벤치 신세다. 그들은 뛰고 싶어도 못 뛰는 안타까운 상황인데, 자유가 주어졌는데도 왜 벤치에 앉아 있으려고 하나. 나가라. 답은 언제나 현장에 있다.

갈까 말까 할 때는 가라.

할까 말까 할 때는 하라.

찔러봐서 나오면 좋고,

아니면 말고의 마음으로 해보자.

생각하지 말고 들이대자.

안 그럼 나중에 후회한다.

$$\langle 6 \rangle$$

최대한 많은 씨앗을 뿌려라

2019년, 아무도 예상하지 못한 최대 변수 코로나가 발생했다. 고객을 만나서 대면 영업을 해야만 하는 본업에서도 타격은 피할 수 없었다. 만남 자체를 꺼리다 보니, 조직원들이 약속을 잡지 못했고, 당연히 매출도 급격하게 떨어졌다. 사람을 상대해야만 하는 비즈니스에서는 누구나 겪어야 했던 고통의 시간이었다. 그럼에도 위기 속에 기회가 있다고 했듯, 뜻하지 않은 행운이 찾아왔다.

코로나가 한창 극성일 때다. 밀접 접촉자가 되어 어쩔 수 없이 2주간 격리를 해야 했다. 갑작스러운 휴가로 일만 해왔던 나는 그 기간을 어떻게 보내야 할지 막막하기만 했다. 더군다나 바깥 활동을 할 수 없으니 난감하기만 했다. 그러던 찰나, 우연히 한 통의 메일을 확인했다. '클래스유'라는 온라인 강의 플랫폼에서 강의 오픈 제안을 해 온 것이다. 영업 관련 전문가로 강의를 오픈해 사람들의 성장을 돕자는 취지였다. 예전에도 왔던 제안인데, 당시에는 바쁘기도 했고, 관심이 없어서 주의 깊게 보지 않았다. 그런데 재차 연락이 온 것이다. 그저 집에만 있어야 하는 상황에, 딱히 할 일도 없고, 핑계 댈 것도 없어서, 그동안 축적해온 지식을 정리하는 기회로 삼으면 좋을 것 같아 흔쾌히 수락했다.

가장 먼저 한 일은 처음 운영했던 유튜브 채널 〈영업의 모든 것〉 영상을 보는 것이었다. 그것을 바탕으로 강의 주제와 목차를 정하고, 세부 내용을 정리했다. 그리하여 오랫동안 영업하면서 터득한 노하우를 집대성한 상위 1%의 시스템 4가지와 20가지의 지식 · 기술 스크립트가 완성됐다. 그 후, 2주의 격리가 끝나고, 바로 촬영에 돌입했다. 언제나 그랬듯 혼자 모든 걸 해왔기에 하루 날짜를 정해 7시간 만에 마쳤다. 한번에 쉼 없이 장시간 촬영하다 보니, 당이 떨어져 현기증도 났지만, 무조건 오늘 끝내버리자는 생각으로 포기하지 않았다. 촬영을 마친 다음에는 2주간 자막 편집을 했다. 지금 생각하면 참 미련한 행동이지만, 쉽사리 남을 잘 믿지 못하는 성격이 한몫했다. 그렇게 한 달여 만에 '영업으로 월 천만 원 버는 비법'이라는 클래스를 오픈했다.

솔직히 처음에는 매월 용돈이라도 벌어보자는 마음이었다. 그런데 뜻밖의 결과가 벌어졌다. 그동안 유튜브로 인한 광고 소득은 한 달에 10만 원도 안 됐는데, 첫 달부터 3,000만 원이 넘는 매출이 발생했다. 더욱이 온라인 플랫폼이라, 매출이 곧 순수익이었다. 처음으로 노동 소득이 아닌 온라인을 통한 수익 파이프를 만들었다. 현재도 매월 약 2,000만 원이 꾸준히 입금되고 있다.

부자가 되기 위해서는 반드시 소득을 창출하는 파이프라인을 다각화해야 한다. 즉, 소득이 여러 군데에서 들어오게끔 구성해둬야 한다는 뜻이다. 이 논리를 파악한 나는 당시의 내 목표였던 월 1억을 어떻게 하면 달성할 수 있을까를 연구하고, 기록했다. 그랬더니 본업인 현대홈쇼핑 GA 사업단장 소득, 두 번째로 발생한 온라인 강의 소득을 비롯해, 오프라인 특강을 통한 소득, 책 출간을 통한 인세 소득이 있었다. 또 이제는 자기 계발과 마인드셋 주제로도 온라인 강의를 런칭해 가동하고 있으며, 기업 강의 소득도 생겼고, 2023년 하반기에 시작할 프랜차이즈 소득을 준비하며, 각각의 목표 소득에 도달하고자 달리는 중이다.

잠을 자는 시간에도 소득이 들어오지 않는다면, 평생 노동을 해야만 한다. 과거와 다르게 현재는 돈을 벌 방법이 넘쳐난다. 그러니 활용할 수 있는 무기를 적극 활용해 소득을 창출해라. 내가 성장해온 것처럼 인생의 행운은 어디에서 갑작스레 찾아올지 모른다. 만약 기회가 왔더라도 시도하지 않았더라면, 지금의 결과는 없었을 테다. 부디 다양한 분야에서 자신의 가치를 입증하게끔 도전해보자.

7

자존감은 성취에서 나온다

사람들은 재미있는 사람, 도움이 되는 사람, 좋은 기운을 나눠주는 사람을 좋아하고, 함께하고 싶어 한다. 그도 그럴 것이 그 사람의 기운과 에너지가 옆에 있는 사람에게 빠르게 전염되어서다. 인생은 기세가 7할. 그래서 내가 자필 일기와 확언 다음으로 강조하는 게 자기 자신에게 해주는 셀프 칭찬이다.

어린 시절을 생각해봐라. 흐릿하겠지만, 확실하고 분명한 건 우리는 모두 부모님과 형제, 자매의 사랑과 칭찬을 먹으며 자랐다. 밥만 잘 먹어도, 배변만 잘해도 "잘한다. 잘한다." 칭찬받았다. 이에 따라 자존감이 올라가고, 자신도 고귀하고, 소중한 사람이라는 걸 인식하게 됐다. 그리고 더 사랑받고, 칭찬받기 위해 노력했을 것이다. 그 결과, 현재 너무 당연해진 걷고, 말을 할 수 있게 된 것처럼.

하지만 성인이 되어서는 어떠한가. 사람들과의 이해관계에 얽혀 생활하다 보면, 오해와 편견, 시기와 질투, 칭찬보다는 멸시, 비난과 싸워야 했을 거다. 이러한 이유로 매 순간 누구도 꾸준히 해주지 않는 자신을 위한 셀프 칭찬을 반복적으로 해줘야 한다. 유치해 보이고, 그동안 하지 않았던 행동이라 어색할 수 있다. 그래도 성장하고, 성공하고 싶다면, 반드시 해야 한다. 중요한 포인트는 아무리 작고 사소한 일이라도 실천했다면, 칭찬하는 것이다.

가령, 운전을 해서 집에 도착했을 때는 "오늘 운전하느라 정말 고생했어. 진짜 피곤했을 텐데 잘 해냈네. 고생했어, 형준아."라고, 음식물 쓰레기를 버렸을 때는 "내일 버리고 싶었는데 오늘 해냈네. 고생했어, 형준아."라고, 운동을 마쳤을 땐 머리를 쓰다듬으면서 "정말 오기 싫었는데, 본능을 이겨내고 해냈네. 진짜 잘했다."라고 해준다. 특히 날씨가 춥거나, 비가 오거나, 눈이 왔을 때 운동을 했다면, 더 과격하게 칭찬한다. 이 유치한 행동이 현재의 나를 완성해준 세 번째 성공 비결이다.

또 자신의 기분과 자존심을 올려줘 에너지가 상승하면, 성취감과 함께 기세도 높아진다. 그러면 다음 행동을 하는 데 실천력이 올라가고, 선순환을 일으킨다. 성공한 사람 대부분이 일주일에 3회 이상은 운동을 하라고 강조하는 이유다. 운동은 많은 일 중에서도 하기 싫은 리스트 중 단연 탑이기에, 실천했을 때는 성취감도 훨씬 크다. 당연히 뒤에 하는 일은 운동보다 부담이 적어 실천하기 쉬워진다. 그러므로 운동은 시간이 남을 때 해야 하는 게 아니라, 일부러라도 시간을 만들어서 해야 한다.

내가 2019년도에 실패로 자존감이 바닥일 때 시작한 것도 운동이다. 매일 팔굽혀펴기 100회, 스쿼트 100회를 하면서 근력운동을 했더니, 체력만큼 마음의 근력이 좋아지는 걸 느낄 수 있었다. 무슨 일이라도 해보고 싶고, 특히 눈빛이 달라졌다. 당장의 소득에 큰 변함은 없었지만, 전혀 다른 사람으로 탄생했다. 완전히 바뀐 눈빛과 기세로 비즈니스에 임하니, 일이 잘 풀린 건 두말할 필요 없다.

성공의 기준에 크고 작은 건 없다. 처음부터 큰 성공을 바라면 부담스럽고, 도전조차 꺼려진다. 그러니 큰 목표를 잘게 쪼개서 작은 성공부터 맛봐야 한다. 사소한 행위를 반복적으로 하는 게 위대함으로 가는 첫 단추다. 작은 일을 계속해내면, 큰일도 하고 싶어진다. 성취감을 통해 올라온 자존감이 자신감으로 이어주므로.

지금 여기까지 책을 읽어온 당신에게도 격하게 잘하고 있다고 칭찬해주고 싶다. 스스로도 격려해주길 바란다. "나는 잘하고 있어."라고.

8

꿈과 목표는 구체적이어야 한다

핏빛처럼 선명한 꿈을 꿔야 한다. 여행을 갈 때 제일 먼저 하는 일은 내비게이션에 목적지를 입력하는 것이다. 그러면 예상 도착 시간과 경로가 뜬다. 이때 가장 좋은 상황은 뭘까. 원래 계획보다 일찍 도착하는 것. 두 번째는 예상 시간에 정확하게 도착하는 것. 세 번째는 늦더라도 결국 목적지에 도착하는 것이다. 이렇듯 가장 중요한 것은 도착지인 명확한 목표를 설정하는 것이다. 목표가 분명하지 않으면, 길을 헤매고, 수많은 난관에 부딪히면서 시간을 허비하고, 감정을 소모한다. 그 감정은 행동으로 연결되어, 본래의 계획대로 진행하기 힘들어진다. 이로써 선행되어야 하는 조건은 자신의 꿈을 달성하고자 하는 날짜를 반드시 지정하는 것이다.

나는 영업을 시작하고, 부모님에게 현금 1억의 용돈을 드리고 싶다는 막연한 꿈에 날짜를 적었다. 3년 안에는 드려야겠다고. 그렇게 '3년 안에 현금 1억 용돈 드리기'라는 목표가 생겼다. 그로 인해 구체적인 계획을 수립할 수 있었다. 내비게이션에 목적지가 입력됐으니, 예상 시간과 경로가 나오니 말이다. 실제로 나는 매월 300만 원씩 3년 만기의 적금을 들었고, 원금으로만 정확하게 3년 뒤 1억을 만들었다. 그렇게 하기 위해서는 한 달에 최소 1,000만 원은 벌어야 했다. 당연히 일반 직장을 다녀서는 답이 없었기에, 20대에 하는 만큼 돈을 벌 수 있는 세일즈를 선택했다.

작가로 데뷔한 책 출간의 방법도 마찬가지였다. 화려한 스펙도, 뛰어난 경력도, 그 무엇도 내세울 게 없던 26살의 지방 청년이었기에 달성 시기를 길게 잡았다. 20년 뒤인 45세쯤엔 책 한 권 출간할 수 있지 않을까 하고 말이다. 그러고 나서 영업하면서 겪은 이벤트와 깨우침을 준 교훈 등을 SNS에 공유했다. 첫 책의 원고를 공개한다는 마음으로. 감사하게도 꾸준히 업데이트되는 나의 글을 본 출판사 두 곳에서 출간 제안이 와, 33세에 첫 책 『평범하게 태어나 특별하게 사는 삶』이 세상에 나왔다. 처음에 목표한 시기보다 무려 12년이나 앞당겨서. 뭐든지 처음이 어렵지, 작가로서의 타이틀이 생기고, SNS 활동과 본업에서 승승장구하다 보니, 6년 만에 계획에도 없던 두 번째 책 『상위 1%의 압도적 대화법』 출간의 기회도 만났다. 그리고 그로부터 정확히 1년 만에 세 번째 책 『부의 퀀텀점프』를 출간하게 됐다.

구체적인 꿈이든, 구체적이지 않은 꿈이든 상관없다. 각자가 가질 수 있는 꿈이기에 정답도 없다. 단, 그 꿈에 달성하고자 하는 마감 기한을 정해 눈에 보이게 적어야 한다. 그리고 매일 눈으로 뚫어지게 봐야 한다. 보이지 않으면, 관심에서 멀어지니까. 매일 디데이 체크도 해야 한다. 월드컵 참가를 앞둔 국가대표 축구선수 또는 올림픽 출전을 앞둔 태릉선수촌의 운동선수들처럼, 오직 자신의 인생에서 가장 중요한 1순위의 디데이를 향해 달려가라. 그러면 최고의 행복감을 주는 단계인 몰입을 경험할 수 있다. 이는 집중의 단계를 넘어, 초집중할 때만 느낄 수 있는 전혀 다른 만족감을 선사한다.

만에 하나라도 원래 정한 날짜에 달성을 못했다고 해서 자책하거나, 포기하지 마라. 개의치 않고 계속 가다 보면, 반드시 목표지점에 도착하기 마련이다. 작년 나의 목표는 월 3억을 버는 것이었다. 결론적으로 현실로 이루진 못했다. 그래서 올해의 목표도 똑같이 월 3억으로 정했다. 그런 다음, 어떻게 하면 달성할 수 있을지 구체적인 행동 리스트를 적고, 도와줄 수 있는 사람들을 적었다. 또 매일 말하고, 보고, 실천하면서 그날을 향해 달려가고 있다. 아마 실패해도 월 2억은 벌 것이다.

넓은 지도에서 생각하는 지역을 손가락으로 가리켰을 때 실제로 확대해보면, 원래의 지역보다 훨씬 먼 곳을 가리켰을 수 있다. 그렇다면 그 지역부터 목적지를 향해 다시 달려가면 된다. 그저 '자'신을 굳건히 믿어라. '수'없이 반복되는 불안과 의심 속에서도, '성'과가 당장 눈앞에 나타나지 않더라도, '가'라. 계속 가다 보면 현실이 될 것이고, 우리 모두 자수성가할 수 있다. 올바른 본질을 추구하면서 가고 있다면 말이다.

꿈은 무한하다.
목표는 유한하다.

이루고 싶은 것이 있다면,
꿈이 아닌 목표로 만들자.

방법은 꿈에 달성하고픈
날짜를 적으면 목표가 된다.

9

지혜로운 부자가 되어라

부자의 정의는 뭘까. 자산 30억, 50억, 100억……. 이제 몇십억은 놀랍지도 않은 세상이 됐다. 그만큼 주변에 너무 많은 부자가 생겼다.

개인적으로 내가 생각하는 부자는 세상에 선한 영향력을 끼칠 수 있는 사람이다. 올해 40대가 되면서 죽음에 대해 더 많이 사색한다. 살아있으니 유의미할 뿐, 현재 내 손에 쥐고 있다고 하더라도, 숨이 멎는 순간 단 한 푼도 가지지 못할 것이라는 생각도 한다. 또 자녀에게 상속하는 게 옳은 것 같지도 않다. 그 자산을 담을 수 있는 깜냥과 그릇이 선행되어야 하니까. 이미

역효과 사례를 많이 보지 않았는가.

그럼에도 한번 사는 인생인데, 이왕 살 거라면, 빈자가 아닌 부자의 삶을 살아봐야 하지 않을까? 저 사람은 했는데, 왜 나라고 못하는가. 누군가 해냈다면, 나도 할 수 있다. 자본주의 시대에서 돈은 선택이 아닌 생존의 문제이고 필수다. 좋아하는 일을 하는 것보다, 삶을 영위할 수 있도록 자신의 몸값을 세상에 증명하는 것이 선행되어야 한다. 먹고 사는 문제가 해결이 안 되는데, 좋아하는 일만 좇는 건 너무 비현실적이다.

나는 새해마다 총 9가지의 꿈을 적는다. 올해 개인적으로 이루고 싶은 가장 중요한 3가지, 직장에서 사회적으로 이루고 싶은 가장 중요한 3가지, 가정에서 이루고 싶은 가장 중요한 3가지가 그것이다. 각각 몇 월에 달성할 것인지도 계획 옆에 목표 달을 적고, 다이어리의 해당 달에 미리 적는다. 진심으로 이루고 싶은 절실함을 담아서 이미 이루었다고 생각하고, 느껴보는 행위다. 단, 설레지 않으면 안 된다. 가슴이 뛰지 않는다면 진짜 꿈이 아니니까. 설레어야 눈길이 가고, 관심이 생긴다. 그래서 만만한 목표만 정하는 것을 경계해야 한다. 내가 지금 이 순간에도 행복한 이유는, 올해 목표한 디데이들로 하루를 의미 있고, 우선순위에 따라 나만의 삶을 살고 있어서다. 그러한 이유로 진정한 부자는 돈이 많은 사람이 아니다. 가슴속에 자신만의 디데이가 많은 사람이 진짜 부자다. 세상에서 단 하나밖에 없는 인생 목표들 말이다.

내가 3가지 분야로 목표를 적게 된 것도 부모님에게 현금 1억은 드렸지만, 늘 우선순위에서 가족이 일에 밀렸다는 사실을 뉘우치면서부터다. 직장에선 잘나가고, 최고로 인정받지만, 가정에선 최악의 아들이 됐다는 것은, 훗날 돈을 많이 벌어도, 가정에는 관심 없는 남편이 될 수도 있다는 뜻이었다. 이런 모습은 내가 생각하는 진정한 부자가 아니다. 개인과 직장, 가정 3영역에서 균형을 이루는 삶이 진짜 성공이다. 그러하기에 꿈을 새해에 한번만 적고 끝내지 않는다. 6월에 상반기 마감을 하면서 7월부터 시작될 하반기 목표를 새롭게 수정한다. 이미 달성한 건 리스트에서 지워 새로운 목표를 추가하고, 아직 달성하지 못한 목표는 디데이를 수정하면서 남은 한 해의 인생을 준비한다. 이렇게 1년에 2번의 마감을 통해 인생의 이유에 정성을 들인다.

더불어 당부하고 싶다. 제발 돈을 벌 수 있는 일을 해라. 될 수 있는 대로 돈을 많이 벌 수 있는 일을 해라. 그리고 반드시 대체 될 수 없는 사람이 돼라. 손흥민 선수가 왜 몇백억 원의 몸값이 됐는가. 부가가치가 높은 시장에서 실력으로 증명한 덕분이다. 과거의 나도 군대에선 열심히 했지만, 시장 자체가 달랐다. 비슷한 스펙의 인력들로 언제나 대체될 수 있는 환경에선 증명해봤자 한계가 있다. 인생에서 돈이 전부는 아니지만, 많은 부분과 연결되어 있다. 부모님과의 여행, 자녀 학자금, 자동차 교체 등 전부 돈이 없으면 할 수 없는 일이다. 그러니 일단 돈부터 벌자. 돈을 좇다 보면, 열심히 살 수밖에 없다. 또 성실, 노력, 근면, 설득, 협상, 처세술 등 성공에 필요한 공통적인 본질을 자연스럽게 터득하게 된다. 돈에 대한 목표가 높을수록 더 많이 경험하고, 얻을 수 있는 능력치도 높아진다. 그러니 무조건 빈자가 아닌 반드시 부자의 삶을 좇아라. 돈만큼 정직하고, 돈만큼 인생을 제대로 알려주는 것도 없다.

그런 다음 자신이 올바르게 돈을 번 노하우를 세상 사람에게 공유하고, 알려줘라. 자신이 바뀌었다면, 그 방식을 토대로 다른 사람을 바꿀 수 있어야 한다. 그것이 선한 영향력이다. 혼자만 잘되는 게 아니라, 다른 사람에게도 도움을 줄 수 있는 사람이 되어야 한다. 무엇보다 중요한 건 함께 일하는 주변 사람들부터 성공시키고, 부자로 만들어줘야 한다는 부분이다. 외부 사람보다 자기 식구부터 챙기란 뜻이다. 그것이야 말로 지혜로운 부자다.

현재 나에게 500만 원은 50만 원 정도로 느껴진다. 500만 원이 절대 작은 돈은 아니지만, 소득 대비 부담을 느낄 만큼은 아니라는 뜻이다. 평생의 내 꿈은 하나다. 500만 원이 500원처럼 느껴지도록 압도적인 부자가 되는 것. 그러기 위해선 하루하루 더 치열하게 한계를 뛰어넘어 가면서 노력하는 삶을 사는 것이다. 내가 포기하지 않는 한 그날은 반드시 온다. 나는 언제나 그랬듯 원하는 것을 현실로 만드는 사람이니까.

10

고민은 사치다

신입 시절에 지점에서 "심소!"를 외치던 때가 있었다. 이는 심○○ 소위의 줄임말인데, 그는 군 생활을 함께한 동기에게 소개받은 후배로, 당시에 내 고향 원주에서 복무 중이었다. 동기는 그가 부잣집 도련님이니 무조건 만나보라며 연결해줬는데, 만남이 성사되기까지가 쉽지 않았다. 매번 전화는 잘 받았지만, 약속만 잡으려고 하면, 훈련이다 뭐다 하며 피하기 일쑤였기 때문이다. 그렇게 8개월 동안 통화만 20번 한 터라 얼굴 한번 못 봤지만, 꽤 친해졌다. 그래서 그가 전화를 받으면 반가움에 "심소!"라고 크게 불렀다.

그러던 어느 날, 평소처럼 고민 없이 누른 21번째의 시도에 드디어 약속을 잡았다. 계약을 하고, 안 하고를 떠나, 얼굴이 보고 싶었다. 막상 만나보니 상상한 모습과는 전혀 다르게 재밌고, 귀엽게 생겨서 웃음부터 터졌다. 또 나의 꾸준한 연락으로 신뢰가 쌓여서인지, 어렵지 않게 계약까지 체결해 뜻깊은 미팅이 됐다. 더욱이 그는 자신의 동기와 후배까지 소개해줌으로써 나의 3번째 키맨이 되어주었다. 만약 소개를 받은 뒤, 약속이 잡히지 않는다고 해서 고민만 하다가 그만뒀다면, 소중한 키맨을 다른 사람에게 뺏기지 않았을까? 그 생각만 하면 등골이 서늘하다.

대부분의 영업인은 소개를 받고 연락했을 때, 냉담한 반응 또는 목소리가 싸늘하면, 기분이 상하거나 두려워서, 그 후로 전화를 하지 않는 경향이 있다. 나도 비슷한 상황이 있었지만, 욕설을 퍼붓지 않는 한 포기하지 않았다. 신기하게도 예상과는 전혀 다른 결과가 펼쳐질 때가 많았던 덕분이다. 가령, 목소리가 나긋나긋하고 부드러워 기대했는데, 계약을 안 하거나, 전혀 관심이 없는 듯했는데, 실제로 만나니 계약을 하는 신기한 경험들을 했다. 그렇다 보니 아무도 손에서 놓을 수 없었다.

섣부른 오해와 판단으로 당신에게 찾아올 새로운 사람과의 인연과 기회를 저버리지 마라. 끝까지 고민만 하지 않고, 실행하는 자에게만 행운이 찾아온다. 몇 번 전화를 하다가 말면, 누구나 시도했던 정도의 사람으로 평가받는 흔한 사람이 되지만, 지겹도록 전화를 한다면, 궁금해서라도 만나고 싶어지는 게 사람 심리다. 인생의 키맨은 결코 쉽게 얻어지지 않는다. 그동안의 경험을 미루어보아, 시간과 정성과 행운이 만났을 때 겨우 만날까 말까다.

3년 차에 내 전화 한 통을 돈으로 환산해보니, 1회당 3만 원이었다. 그러니 통화를 안 할 이유가 없었다. 세일즈의 시작은 약속을 잡는 전화에서부터 시작한다는 걸 명심해라. 나는 신입 때, 스케줄이 없는 날에는 하루에 30명 이상에게 연락하기 위해 회사 전화기를 손에 테이프로 감고 있을 정도의 열의로 임했다. 그렇게 한번 더, 조금만 더에서 인생의 기적이 시작된다.

아무런 시도도 하지 않으면, 바라는 일은 일어나지 않는다. 지레짐작하고, 행동으로 옮기지 않으면, 고민도 해결되지 않는다. 지금의 나를 만든 성공 원동력은 단연코 고민을 길게 하지 않고, 행동부터 하는 실행력에 있었다. 이처럼 인생은 저지르는 자들이 독차지한다.

11

평균의 함정에 속지 마라

성공과 다이어트의 공통점이 있다. 바로 안주를 피해야 한다. '이만하면 됐어.', '이 정도면 충분해.'라는 생각은 죽음으로 가는 길이다. 나는 성공은 못해도 되지만, 성장은 못하면 안 된다는 주의다. 성공은 의무도 아니고, 할 수도 있고, 못할 수도 있다. 하지만 성장은 의무다. 과거의 자신보다, 1년 전의 자신보다, 모든 면에서 성장해야 한다. 물이 썩지 않으려면 계속 멈추지 않고 흘러야 하듯, 조금씩이라도 움직여 성장해라.

온라인 강의 제자들이 월 1,000만 원을 달성했다고 기뻐하면서 연락해오는 경우가 있다. 그러면 축하 메시지와 함께 꼭 전하는 말이 있다. "이제는 월 2,000만 원을 향해 달려가세요." 당연히 그 다음에는 월 3,000만 원으로 바꿔 말한다. 이렇게 현재의 소득에 안주하지 말고, 더 벌기 위해 노력해야 한다.

지금까지 살아오면서 어떤 노력을 경험했는가? 한번이라도 목숨을 걸고 임한 적이 있는가? 경험상 목숨을 걸고 임해도, 하루에 4시간만 자도 죽지 않았다. 그 가운데 40세인 지금 최고의 외모와 최상의 체력, 기네스 소득과 최고의 자산을 만들었다. 모든 면에서 압도적으로 성장했고, 매년 갱신할 것이다. 만일 안주하고, 편안함에 기댔다면, 절대 없을 결실이다. 안정감에 빠져 따뜻함에 적응하고, 타협하지 마라.

사람들이 묻는다. 김형준의 롤모델은 누구냐고. 존경하는 인물은 누구냐고. 나는 26살의 김형준이다. 그는 단돈 300만 원으로 연고도 없는 서울에 상경해, 반지하에서 동기 6명과 합숙을 시작했고, 내성적이지만, 돈을 벌어 부모님에게 효도해보겠다고, 무시당하는 보험을 선택했다. 전역하던 날에도 제주도로 여자친구와 여행을 가는 동기들을 보면서 질투하지 않고, 다음 날부터 출근해 교육을 받기로 선택했다. 그렇게 올바른 선택을 하고, 도전하고, 견뎌준 김형준이 가장 존경스럽고, 지옥 같았던 1년을 눈물로 버티고 이겨내 준 스스로가 자랑스럽고 대견하다. 그때의 내가 없었다면, 현재의 나도 없을 것이기에.

다시는 돌아가고 싶지 않을 정도로 현재를 살아라. 다이어리에는 매일 그날 적은 감정과 이벤트를 빼곡히 적어, 미래에도 오늘을 추억할 수 있게 만들어라. 나는 시간이 흘러 50대가 되었을 때, 지금의 40대 김형준이 존경스럽도록 현재를 산다. 아무리 길어야 100세 인생이다. 남은 인생의 롤모델을 외부에서 찾지 말고, 자신으로 만들어라. 세상 유일한 나를 평범한 드라마의 재미없고, 식상한 주인공으로 만들지 마라. 아무도 범접할 수 없는 기가 막히고, 코가 막히는 말도 안 되는 판타지 소설 같은 주인공이 돼라. 불가능한 꿈들로 목표가 높으면, 우리의 매일은 지루할 틈이 없다. 말도 안 되는 확률을 뚫고, 지구에 태어나 살아가고 있는 것만으로도 이미 기적의 주인공들이 아닌가.

당신은 비현실적인 꿈을 가질 충분한 자격이 있다. 적어도 끝까지 이 책을 읽은 당신이라면. 바로 오늘이 그 역사적인 도전이 시작되는 발판이 되기를 진심으로 기원한다.

힘들 때 한번 더

힘들 때 하나 더

힘들 때 조금만 더

힘들 때 조금만 하나 더

그만하고 싶을 때 한번 더

그만하고 싶을 때 하나 더

그만하고 싶을 때 조금만 더

그만하고 싶을 때 조금만 하나 더

진정성을 전달하기 위해

보여주기 시작한 가족사진이

내게는 강력한 동기 부여를

고객에게는 확신을 심어준다.

꿈 스토커가 되어 퀀텀점프해라

세 번째 책을 쓴다는 사실은 감사한 일이기도 했지만, 힘든 리스트 중 하나이기도 했다. 왜냐하면 그만큼 창작은 고통스러운 영역이니까. 그런데도 나는 해냈다. 일전에 두 번의 행복한 출간 경험도 있었고, 훗날 나의 2세가 읽을 책이라고 생각하니 작업이 즐겁게 이어진 덕분이다. 그에 더해 이 미션을 수행하고 나면, 한 단계 업그레이드된 나를 만날 수 있다는 믿음은 내 글에 진심을 담게 해주었고, 아쉬움을 남기지 말자는 의지를 북돋아 주었다. 그러므로 만일 스트레스를 받거나, 그런 예감이 든다면, 나처럼 성장의 기회가 왔다고 긍정적으로 받아들여라.

세상에 대가 없는 성장은 없으니까.

우리 모두 인간으로 태어났다. 의미가 있어서 사는 것도 아니고, 의미가 없어서 못 사는 것도 아니다. 사람으로 태어났기에 살아야만 한다. 그럼, 이왕 살아야 한다면, 의미를 부여해 더소중하고, 알찬 하루를 만들면 좋지 않을까? 학벌이 점점 의미가 없어진다고 해서 학생의 본분인 공부에 최선을 다하지 않거나, 당장 소득이 오르지 않는다고 해서 다니고 있는 직장에최선을 다하지 않으면 공허함만 남는 것처럼, 아무런 목적 없이 하루하루를 보내면, 충족하지 못하는 삶에 후회만 돌아올뿐이다.

반대로 무언가에 집착해서 노력해본 경험, 실패하더라도 끈질기게 물고 늘어져 본 기억은 그것이 언제가 됐든 귀한 자산이 된다. 그러니 나의 꿈과 목표에 있어서는 미친 스토커가 되어보길 바란다. 매일 하루를 치열하게 살아내다 보면, 어느 순간 몰입감을 체험하게 될 것이다. 이는 만족스러운 행복감을 선물할 뿐만 아니라, 당신의 일상도 가치 있게 채워준다.

그 과정에서 남과 비교할 필요도 없다. 각자의 시작점과 도착점이 엄연히 다르니 무의미하기만 하다. 극의 주연이 조연들과 비교하지 않듯, 당신이 주인공이 되는 영화 대본을 만들어라. 거기에는 열정적으로 움직이게 할 요소로 가득하면 좋겠다. 그렇게 퀀텀점프를 해 나가라.

에필로그를 쓰는 순간에 나는 책이 출간되어 독자들이 남기는 인증사진을 상상했다. 당신이 이 글을 읽고 있다면, 그것이 현실이 됐다는 말이다. 그러니 일단 시작하자. 시작이 반이다. 어차피 지금의 힘듦은 미래에 웃으며 말할 추억이 된다. 또 그때는 지금의 노력으로 멋진 보상을 받고 있을 테다. 부디 편하게 지내고 싶은 본능을 이겨내라. 혹 어두운 시간을 보내고 있더라도 괜찮다. 과거가 비참할수록 성공자의 모습은 더욱 화려하기 마련이니까.

끝으로 이 책을 끝까지 완독한 당신에게 진심으로 고맙다고 말하고 싶다. 더불어 더 나은 인생을 살게 해주어 고맙다고 연락해올 당신의 실행력에 미리 응원을 보낸다. 한 가지 소망이 있다면, 이 책을 선택한 사람들이 힘들 때마다, 불안할 때마다, 용기가 안 날 때마다 다시 꺼내어 읽어봄으로써 에너지를 얻었으면 하는 것이다. 이로써 우리가 파트너가 됐으면 한다. 아마도 이 기대는 이루어질 것이다. 이 책을 쓰는 내내 품은 단 하나의 바람이므로.

부의 퀀텀점프

ⓒ 김형준 2023

초판 1쇄 인쇄 2023년 4월 24일
초판 1쇄 발행 2023년 5월 3일

지은이	김형준
편집인	권민창
책임편집	윤수빈
디자인	김윤남
책임마케팅	윤호현, 김민지
마케팅	유인철, 이주하
제작	제이오
출판총괄	이기웅
경영지원	김희애, 박혜정, 최성민

펴낸곳	㈜바이포엠 스튜디오
펴낸이	유귀선
출판등록	제2020-000145호 (2020년 6월 10일)
주소	서울시 강남구 테헤란로 332, 에이치제이타워 20층
이메일	mindset@by4m.co.kr

ISBN	979-11-92579-64-1 (03190)

마인드셋은 ㈜바이포엠 스튜디오의 출판브랜드입니다.